RESTER JEUNE

Un jour à la fois

Modus Vivendi

RESTER JEUNE

Un jour à la fois

Hervé Desbois

MODUS VIVENDI

© 2004 Les Publications Modus Vivendi inc.

Les Publications Modus Vivendi inc.
5150, boul. Saint-Laurent, 1er étage
Montréal (Québec)
Canada
H2T 1R8

Design de la couverture : Marc Alain
Infographie : Modus Vivendi

Dépôt légal, 2e trimestre 2004
Bibliothèque nationale du Québec
Bibliothèque nationale du Canada
Bibliothèque nationale de France

ISBN : 2-89523-242-3

Nous reconnaissons l'aide financière du gouvernement du
Canada par l'entremise du Programme d'Aide au
Développement de l'Industrie de l'Édition (PADIÉ) pour nos
activités d'édition.

Gouvernement du Québec — Programme de crédit d'impôt
pour l'édition de livres — Gestion SODEC

Introduction

Le temps est une rivière qui coule au rythme des jours et des saisons. La vie en suit le cours, et contribue elle-même à la force du courant, jusqu'à finir par s'endormir au creux de son lit.

De tout temps, l'humanité s'est demandé où jaillissait cette énigmatique fontaine de jouvence à laquelle s'abreuver pour conserver une immortelle jeunesse. Et de quoi étaient faits ces mystérieux élixirs censés ouvrir les portes de l'éternelle beauté ? Comment ralentir la course des secondes qui, pareilles aux larmes du ciel, s'écoulent sur les visages de l'humanité ?

Aujourd'hui, si les progrès de la médecine parviennent à rajouter quelques années au calendrier de l'existence, nous savons fort bien que nous ne sommes que des locataires du temps et de l'espace, et qu'il nous faudra bien un jour ou l'autre partir pour d'autres cieux. Pourtant, c'est toute une éternité qui s'étend devant nous, et comment nous considérons et utilisons chaque portion de cette éternité détermine la longévité de notre propre jeunesse.

Derrière la multitude de visages qui colorent et embellissent le visage de la terre, il n'existe qu'une seule et impérissable jeunesse, une jeunesse qui n'a rien à voir avec l'âge.

Ce livre veut vous en parler.

Cela peut être long avant de comprendre que l'on peut être jeune à n'importe quel âge.

HERVÉ DESBOIS

Lorsqu'on est enfant, on rêve d'être grand plus vite. Une fois adulte, on regarde notre enfance et notre jeunesse comme des trésors perdus à jamais. Se pourrait-il que notre quête d'absolu ou de jours meilleurs ne finisse jamais, éternelle insatisfaction de notre condition humaine ?

Pourtant, aujourd'hui est un jour unique parce que je peux en faire ce que je veux. C'est un jour que je peux regarder avec les yeux de l'enfant que j'étais. C'est un jour que je peux vivre avec la fougue et l'enthousiasme de mes vingt ans.

Aujourd'hui est un jour extraordinaire car il ne se répétera jamais plus, et il ne tient qu'à moi d'en faire un jour inoubliable.

La solitude rend impatient, c'est l'impatience qui tue l'enfance.

MARC LEVY

Le temps est un drôle de phénomène. Tantôt il semble courir si vite qu'on ne le voit pas passer, tantôt il paraît figé comme une rivière au cœur de l'hiver. Cela dépend peut-être des âges de la vie ou de l'âge du cœur, de ce que nous faisons de ce temps ou de ce que nous n'en faisons pas, du passé qui nous retient ou du futur que nous mettons devant.

L'enfant peut parfois être impatient, mais il sait aussi arrêter le temps, le gaspiller comme s'il avait l'éternité devant lui.

Pour quelques secondes ou tout au long de cette journée, je veux oublier mes craintes d'adulte et prendre pour modèle l'insouciance de l'enfant.

La jeunesse est belle. Dérision ! Elle est belle, confiante, aventureuse. Elle est riche de tous les espoirs, de toutes les ambitions. Elle est surtout naïve.

HARRY BERNARD

Aujourd'hui, je me laisse aller à la rêverie de ma jeunesse, je me laisse emporter par la folie qui m'habitait et tous ces espoirs d'une vie riche et passionnante. Et qu'importe si l'on me traite de naïf ou de rêveur, je veux me laisser imprégner par la confiance et la force que donne l'ambition de la jeunesse.

Aujourd'hui, je veux croire en mes illusions.

Si l'on veut rester jeune, il est préférable de ne pas trop se prendre au sérieux, pas plus que la vie, d'ailleurs.

HERVÉ DESBOIS

Le quotidien peut nous enfermer dans un moule dont il semble difficile de nous sortir. Assailli par les responsabilités professionnelles, financières ou autres, il est facile d'oublier que la vie peut être amusante et légère.

S'il existe des moments qui imposent une certaine gravité, des moments où il faut agir avec le plus grand sérieux, je dois me rendre compte qu'il n'en est pas toujours ainsi. La plupart du temps, c'est le train-train quotidien qui semble avoir le pouvoir de nous enfoncer dans une monotonie que l'on finit par détester.

Qu'est-ce qui m'empêche de chantonner en additionnant mes colonnes de chiffres ? Pourquoi ne pourrais-je pas transpirer la bonne humeur en travaillant devant mon ordinateur, dans ma cuisine, à mon bureau et où que mon travail m'oblige à être ?

Aujourd'hui je prends la vie avec légèreté.

Aujourd'hui, j'ai regardé mes mains et j'y ai vu ma vie.

Un homme qui n'est plus capable de s'émerveiller a pratiquement cessé de vivre.

ALBERT EINSTEIN

La nature m'offre quotidiennement mille et une occasions de m'émerveiller et de retrouver ainsi la jeunesse de mon regard. Autant d'occasions pour reconquérir la paix de l'âme que la vie moderne cherche à nous voler un peu plus chaque jour.

Aujourd'hui, je regarderai le soleil se lever sur mon coin de pays. J'écouterai le vent caresser la terre et la nature endormie. Je contemplerai la neige danser dans le ciel quand la bourrasque devient friponne et s'amuse à ciseler le paysage.

Aujourd'hui, je m'abandonne à l'émerveillement.

En cette ère dominée par la science, on oublie trop souvent la puissance de la pensée sur le corps.

HERVÉ DESBOIS

Vouloir, c'est pouvoir.
Et croire, c'est aussi pouvoir. Si je me considère vaincu, alors je suis déjà vaincu.
Au risque de paraître rêveur ou insensé aux yeux des autres, j'ai la liberté de croire que je peux changer le cours des choses et de ma vie. Il n'en tient qu'à moi de prendre comme modèle l'homme ou la femme que l'on disait condamné par la maladie et qui, avec sa seule foi, son courage et sa persévérance, réussit à surmonter toutes les épreuves et sort enfin vainqueur de son combat pour la vie.

Aujourd'hui, je prends conscience que la pensée est puissante et que le corps n'est qu'un instrument.

L'anxiété, c'est un conseil d'agenouillement.

VICTOR HUGO

Rester jeune, c'est continuer de grandir jour après jour, sans craindre l'avenir, sans regretter le passé. Même si certains souvenirs peuvent peser lourd sur mes épaules, même si demain peut être incertain, je dois pouvoir trouver en moi la force et le courage de ne pas céder à ces émotions négatives qui cherchent à m'assaillir de temps à autre.

Si je tourne le dos au passé, ce n'est pas pour le fuir ou l'ignorer. Il ne sert à rien de m'appesantir sur mon sort dans ces moments de déprime passagère, et un jour je trouverai les réponses qui me manquent aujourd'hui.

Aujourd'hui, je regarde l'avenir avec confiance sans céder à l'anxiété.

Je suis né très jeune.

GROUCHO MARX

Aujourd'hui, je serai comme l'enfant qui ne compte pas le temps et qui voit en chaque seconde une éternité à remplir du bonheur de vivre. Les beaux souvenirs qui m'habitent peuvent revivre comme une source vive fait son chemin pour jaillir au grand soleil.

Aujourd'hui, je ferai surgir la jeunesse qui sommeille en moi.

L'art de rester jeune : s'émerveiller de soi-même.

BEN GENAUX

Enfantillages ? Réactions puériles et immatures ? Signes d'un refus de grandir et devenir adulte ? Pensez ce que vous voulez, riez si vous le désirez (et si vous en êtes encore capables), je continuerai d'applaudir devant les beautés du monde, les accomplissements et les réussites des gens de bonne volonté, et sans oublier mes propres succès.

Aujourd'hui je garde bien vivante mon aptitude à m'émerveiller.

La jeunesse est une fraction de folie.

PROVERBE ARABE

Maintenant que l'on médicalise tout et que l'on étiquette la moindre chose, le moindre comportement, la «folie» peut avoir mauvaise presse et l'on peut avoir tendance à ne pas se faire remarquer. Pourtant, la grande aventure humaine est parsemée d'exemples de femmes et d'hommes qui, par leur «folie», ont réussi à prouver que les limites n'étaient la plupart du temps que celles que l'on s'imposait soi-même et qu'elles pouvaient être dépassées.

Ces femmes et ces hommes, quel que soit leur âge, ont fait preuve d'audace et d'impertinence pour aller au bout de leurs rêves. À leur façon, ils nous montrent que l'on peut être jeune à tout âge. Il faut un peu de folie pour faire ce que les autres pensent impossible.

Il faut un peu de folie pour tromper la vieillesse.

Aujourd'hui, je mets un brin de folie dans ma vie.

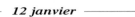

Trouve-toi un rêve et fais-le jusqu'au bout.

Quand nous sommes jeune, nous dépensons notre santé pour nous faire une fortune...
Et quand nous sommes vieux nous dépensons notre fortune pour nous faire une santé !

A<small>NONYME</small>

Je n'attendrai pas demain pour faire ce dont j'ai toujours rêvé. Certains disent que l'on n'a qu'une vie à vivre; d'autres prétendent que nous reviendrons. Alors qu'importe les croyances ou les certitudes car, dans un cas comme dans l'autre, je n'ai pas de temps à perdre.

Dépenser son temps et sa jeunesse à gagner plus qu'il n'en faut pour une vieillesse hypothétique est une façon de laisser mourir ses rêves du présent.

Mais, il n'est jamais trop tard pour réévaluer ses priorités.

Aujourd'hui, je regarde ma vie en fonction de mes vrais désirs.

Peut-être que certains ont peur de la jeunesse parce qu'ils n'y voient qu'arrogance et défi. Pourtant, il faut savoir élargir ses horizons et se rendre compte que ces sentiments ne sont que l'envers d'une même médaille. Après tout, si le jour et la nuit changent le visage de la terre, elle reste pourtant la terre que l'on connaît.

C'est ce que nous pensons de notre avenir qui nous dicte quoi faire dans notre présent.

HERVÉ DESBOIS

J'aime voir l'avenir en termes de mouvement, de création, et non comme quelque chose de statique où je m'assois sur mes lauriers après avoir atteint un but. La vie, c'est le mouvement, la création. L'inaction, c'est la mort. Rester jeune implique donc de rester actif, et mon avenir sera ce que je fais de mon présent.

Je peux faire de « mes vieux jours » quelque chose de vivant, de passionnant, comme une jeunesse sans cesse renouvelée.

Être jeune, c'est être fébrile et enthousiaste, intéressé et dynamique. Être jeune, c'est être « vivant ». Être jeune, ce n'est pas une question d'âge.

Aujourd'hui, je n'oublierai pas de préparer mon avenir pour qu'il soit riche de vie et d'activité, car je sais que demain sera le reflet de ce que je suis et de ce que je fais aujourd'hui.

Pouvoir oublier est le secret de l'éternelle jeunesse. Nous devenons vieux par le souvenir.

ERICH MARIA REMARQUE

Le regret nous visse au passé.
Le remords pèse plus lourd que les chaînes.
Le chagrin éteint le feu des promesses de jours meilleurs.
La colère réduit à néant nos rêves de paix universelle.
L'envie, la jalousie et la convoitise assassinent nos propres élans créatifs.

Aujourd'hui, je trouve la force et le courage de tourner le dos aux douleurs du passé.

Plus j'avance en âge, plus les jeunes m'exhortent à rester jeune.

JEAN-PAUL II

Comme le rire est contagieux, la jeunesse peut elle aussi se communiquer, pour autant que l'on soit ouvert à sa présence.

Plutôt que regarder les enfants ou les adolescents avec un air sévère et réprobateur lorsqu'ils sont bruyants et rient aux éclats, je m'efforce de délaisser tout préjugé pour m'ouvrir à leurs jeux, aussi enfantins puissent-ils paraître de prime abord.

Si je suis suffisamment détaché de mon sérieux d'adulte et attentif à ce qu'ils disent et ce qu'ils font, je ne tarderai certainement pas à rire de leurs jeux et de leurs blagues.

La jeunesse a cela d'extraordinaire qu'elle est spontanée.

Aujourd'hui, je saurai m'ouvrir aux occasions de me laisser «contaminer» par la candeur des jeunes.

Oui, je crois avoir déjà vécu avant cette vie, et je crois vivre encore d'autres vies après celle-ci. Et je trouve cela formidable et réconfortant de savoir que d'autres jeunesses me seront permises !

HERVÉ DESBOIS

La vie peut parfois paraître insensée et sans but. Alors, qu'importe les croyances ou les illusions, je ne serai pas moins heureux si je crois en une éventuelle vie après la vie. J'ai moi-même connu une personne qui avait renoncé à l'éventualité du suicide après avoir songé qu'elle pourrait revenir dans une autre vie…

L'important est de croire en quelque chose, quelque chose de plus fort et de plus beau que la simple apparence physique de cet univers matériel qui parfois nous étouffe.

S'il est vrai que rien ne me garantit une autre vie, quelle qu'elle soit, à quoi me servent l'intolérance et l'aveuglement ?

Aujourd'hui, je reste ouvert aux croyances qui ne sont pas miennes.

Ne vous gâchez pas la vie avec des remords et des regrets, il y a tellement d'autres choses à faire de son temps !

Personne n'est si jeune qu'il ne puisse mourir demain.

PROVERBE SUÉDOIS

Au diable la prudence extrême, les craintes pour mon confort et ma position sociale. Ce monde est un miroir à mille facettes qui peut facilement nous piéger et nous plonger dans le mensonge et l'artifice.

Est-ce que je vis pour l'atteinte d'un vrai bonheur, individuel et collectif, ou pour un simulacre de réussite ? Et si cette soi-disant réussite ne se gagnait qu'avec le sacrifice de ma propre liberté et l'oubli de mes aspirations profondes ?

Ce monde nous entraîne quotidiennement dans une fuite en avant qui nous éloigne de nos racines profondes et véritables.

Aujourd'hui, je ne perds pas de vue ce que je veux vraiment.

Préparer ses vieux jours, n'est-ce pas déjà vieillir un peu ?

HERVÉ DESBOIS

Aujourd'hui, je profiterai du temps qui passe.
Je retiendrai mon souffle pour mieux entendre le chant de la nature.
Je regarderai sans un regret les jours aller s'écrire dans le grand livre des souvenirs.
Je participerai à la grande aventure humaine en apportant ce que j'ai de mieux en moi.

Aujourd'hui, je vivrai chaque minute qui passe.

J'étais né pour rester jeune, et j'ai eu l'avantage de m'en apercevoir, le jour où j'ai cessé de l'être.

GEORGES COURTELINE

Ce que je suis, ce que je fais et ce que j'ai, tout cela m'appartient en propre et peut exciter convoitise ou jalousie, critique ou méchanceté de la part d'une très faible minorité d'individus malveillants que la vie peut mettre sur mon chemin.

Si la tolérance et l'ouverture d'esprit doivent faire partie de mes valeurs fondamentales, cela ne m'empêche pas de choisir librement les gens qui m'entourent et avec qui je décide de tisser des liens.

Si certaines personnes ne semblent avoir d'autre but que de nuire et faire du mal, la plupart des gens qui nous entourent ne demandent qu'à trouver le bonheur, pour elles-mêmes, pour leurs proches et pour l'humanité en général.

Aujourd'hui, c'est vers ces personnes que je choisis d'aller.

La santé, c'est un esprit sain dans un corps sain.

HOMÈRE

S'il est vrai qu'une bonne santé ne nous garantit aucune éternité, il n'en reste pas moins que la vie est plus agréable à vivre lorsque le corps fonctionne correctement. Et il est tout aussi vrai qu'on se fait dire et redire qu'il faut faire de l'exercice, peu importe l'âge.

Mais la paresse est bien mauvaise conseillère et nous sommes souvent confronté à ces périodes d'indolence où nous préférons oublier nos bonnes résolutions.

Rien ni personne ne peut nous faire bouger si nous ne le décidons pas nous-même.

Il suffit d'une fraction de seconde, d'une petite étincelle, d'une simple pensée pour décider de faire ou ne pas faire. Et la plupart du temps, il n'y a que le premier pas qui compte.

Aujourd'hui, je trouve en moi la force et la détermination de faire de mon corps une demeure où l'âme voudra rester longtemps.

On est toujours le jeune d'un vieux et le vieux d'un jeune.

ALEXANDRE CARLSON

Aujourd'hui, je prendrai la vie avec philosophie. Je saurai prendre cette journée avec un beau gros grain de sel, sachant rire de mes propres travers et des blagues qu'on pourra faire à mon sujet.

Aujourd'hui, j'aurai le sourire et le rire faciles.

Je resterai jeune tant que je n'aurai pas décidé du contraire.

HERVÉ DESBOIS

Ma vie m'appartient, et nul n'a le droit de m'imposer ce que je dois en faire ou en penser, la seule règle d'or étant le respect des autres.

Qui ne s'est jamais fait dire de « devenir enfin adulte ? » Mais qu'est-ce que cela signifie, « Devenir adulte ? » Cesser de rire et s'amuser ? Ne plus s'extasier devant un beau coucher de soleil ? Toujours prendre un air grave et sérieux ? Réprimander les enfants quand ils sont trop vivants ? Ridiculiser les rêves d'amour et de liberté ? Vivre de remords et de rancœur ?

Non, devenir adulte, c'est réaliser son potentiel et ses rêves, c'est faire de sa maison un endroit où il fait bon mettre des enfants au monde.

Aujourd'hui, je revendique le droit à vivre ma vie comme je la rêve.

L'âge n'est qu'un simulacre. Au plus profond de soi, il n'y a de vif et de vrai que son enfance et sa jeunesse.

JACQUES FERRON

Être et rester jeune procède avant tout d'un état d'esprit, d'une décision personnelle et consciente d'accepter que la vie suive son cours, et de vivre intensément un jour à la fois. On peut voir la vie comme un éternel recommencement où chacun peut être et s'épanouir à sa mesure, peu importe le temps passé ou à venir.

Ma jeunesse est remplie de ces rêves qui bouillonnent comme la lave au fond d'un volcan.

Ma jeunesse est parsemée de ces décisions où je voulais être… où je voulais faire…

Ma jeunesse est toute teintée de la vérité de l'innocence, celle qui donne des ailes et fait sortir du néant les plus belles réalisations humaines.

Aujourd'hui, je retrouve l'essence de ce que je suis et de ce qu'il y a de plus beau et de plus vrai en moi.

On devient vieux à partir du moment où on ne comprend plus les jeunes.

POPECK

Comme on dit le rire contagieux, la jeunesse aussi peut se communiquer, pour peu que l'on soit à son écoute.

Aujourd'hui, je mettrai de côté mes appréhensions et idées préconçues pour écouter et comprendre ce qui se cache vraiment derrière la vivacité et la spontanéité de ces jeunes qui peuvent parfois me sembler étrangers.

Aujourd'hui, je me laisserai gagner par la jeunesse et la ferveur de ces enfants et adolescents qui m'entourent.

Pourquoi s'en faire avec les jours et les années qui passent ? Que de temps perdu en de vaines inquiétudes !

HERVÉ DESBOIS

Qu'importe la ride qui semble s'afficher comme un sourire au coin de mes yeux.

Qu'importe les reflets d'argent qui s'insinuent dans les vagues de mes cheveux.

Qu'importe tous les signes du temps qui s'écrivent sur le tissu de ma vie.

La jeunesse est inscrite au fond de moi, comme la partition d'une symphonie que je peux décider de jouer à volonté.

La jeunesse est dans mon ouverture face à la vie qui m'entoure.

La jeunesse est dans ma tolérance face aux bouleversements du monde.

La jeunesse est dans mon acceptation tranquille des changements.

La jeunesse est dans mon sourire.

La jeunesse est dans mes yeux.

Aujourd'hui je découvre la jeunesse qui dort en moi.

On est jeune tant qu'on aime, on est vieux dès qu'on n'aime plus.

GIROLAMO FRACASTOR

Un nouvel éclat pétille au fond de tes yeux
Frais comme une eau claire, il éteint toute tristesse
Chaud comme un été, il embrase toute sécheresse
Il est le jour et la nuit, la terre et les cieux

Un sourire, un regard, je ne suis plus le même
C'est un nouveau chemin qui s'ouvre devant moi
Toi, tu me tends la main pour faire le premier pas
Pas un son, pas un mot, pour me dire que tu m'aimes

Ce matin ton regard a entrouvert mes cieux
Un nouvel éclat pétille au fond de mes yeux

Je connais un moyen de ne pas vieillir : c'est d'accueillir les années comme elles viennent et avec le sourire... un sourire, c'est toujours jeune.

PIERRE DAC

Un sourire n'a ni couleur, ni sexe, ni religion.

Un sourire est un grand guérisseur sans effets secondaires.

Un sourire est une monnaie d'échange inépuisable dont le prix est sans égal tellement sa valeur est élevée.

Un sourire remplace tant de mots en tant de langues qu'on peut le comprendre partout sur la planète.

Aujourd'hui, je laisserai mon visage baigner dans les sourires, les miens et ceux des autres.

Clin d'œil sur les élixirs de jeunesse...
Restez jeune grâce à l'aloe vera !

Des millénaires avant notre ère, l'aloe vera était déjà connue pour ses propriétés thérapeutiques aussi diverses qu'exceptionnelles et comme élixir de jeunesse et de beauté. Le « lys du désert » est l'une des plantes utilitaires les plus anciennes et les mieux considérées.

De nos jours encore, la médecine populaire considère le gel d'aloe vera comme le meilleur remède contre les brûlures, blessures et autres problèmes de peau. La cosmétologie apprécie beaucoup les qualités nutritives, régénératrices, hydratantes et lissantes de l'aloès pour le visage et le corps.

À quoi donc me sert de mourir en bonne santé si je n'ai pas vécu ?

HERVÉ DESBOIS

N'attendons pas demain pour faire ce que nous voulons vraiment faire, car chaque jour la vie nous apprend qu'il n'y a pas de temps à perdre. Notre existence est un bien précieux qui nous appartient et nous pouvons en faire ce que nous voulons, peu importe notre âge et ce que nous en avons fait jusqu'à présent. Nous sommes toujours en admiration devant ces gens qui décident de tout remettre en question et changent totalement leur vie du jour au lendemain.

Si j'ai toujours rêvé d'aller visiter un coin de pays ou parcourir le monde, pourquoi ne pas décider que je peux le faire et commencer à préparer ce voyage en y mettant toute mon énergie ? Si j'ai déjà eu le désir d'être ceci, de faire cela, pourquoi ne pas l'envisager avec volonté et détermination ? La vie nous tend des pièges et les barrières peuvent être nombreuses, faisant paraître nos buts et nos rêves inaccessibles. Mais les pires barrières sont celles que l'on s'impose, consciemment ou non.

Aujourd'hui, je me permets de vivre mes rêves, peu importe le temps qu'il me faudra pour aller jusqu'au bout.

Il y aura toujours des gens qui n'aiment pas la jeunesse,
Pour qui d'avoir vingt ans et de vivre sans un sou
Est un péché dont le bonheur les rend fous.

CHARLES TRENET

Quelle sera ma réponse face aux critiques malveillantes, à l'adversité ou aux jalousies ? Baisser la tête ou laisser tomber serait leur donner raison, donner raison aux énergies négatives qui rongent la confiance et la beauté du monde.
Je dois voir toute critique malveillante et toute jalousie comme autant de signes d'envie déplacée, et comme autant de signes de ma propre réussite, car celui ou celle qui me veut réellement du bien sera toujours content de mon bonheur, quelle que soit la forme qu'il prend.

Aujourd'hui je tourne le dos aux empêcheurs de bonheur.

La jeunesse, c'est quand on ne sait pas ce qui va arriver.

HENRI MICHAUX

Qui n'a jamais connu le frisson face à l'inconnu, le nouveau ? Pas l'angoisse ou la peur, mais le délicieux frémissement qui nous fait sourire parce que nous sommes prêt à nous laisser surprendre, totalement ouvert à l'émerveillement.

Encore aujourd'hui, je veux être comme l'enfant dont les yeux pétillent de bonheur devant la pochette-surprise qu'il vient de recevoir et qui trépigne d'impatience de savoir ce qu'elle contient.

Aujourd'hui, il y a une armée d'occupation : c'est la jeunesse.

ANDRÉ GILLOIS

J'ai toujours le choix de créer ou bien subir, de changer ou bien baisser les bras.

Je peux me laisser emporter par le tourbillon de la vie, ou m'accrocher solidement à mes habitudes, l'une et l'autre de ces attitudes ne feront pas de moi ce que je veux être vraiment.

Si je ne veux pas me laisser engloutir par le courant, ou au mieux le suivre, je dois être en mesure d'y participer, d'y contribuer.

Être alerte et actif est une façon de rester jeune, car la jeunesse c'est la création, l'imagination, le rêve. La jeunesse c'est la folie de repousser les limites, le courage d'aller plus loin que nos prédécesseurs, l'aplomb de remettre en question ce qu'on tient pour acquis.

Aujourd'hui, je participe à la vague de la jeunesse.

C'est toi qui donnes à mes journées un air d'éternité.

HERVÉ DESBOIS

Aimer quelqu'un fait certainement partie de la recette pour rester jeune, peu importe le genre d'amour que l'on porte à ce quelqu'un.

Qu'il s'agisse de la personne avec qui l'on a décidé de partager notre vie, qu'il s'agisse de notre meilleur ami ou de nos enfants, l'amour sincère que l'on donne et que, inévitablement, on reçoit en retour, semble être une fontaine de jouvence inépuisable.

Aujourd'hui, je me laisse envahir par l'amour authentique que j'éprouve et que je reçois.

Entre l'enfance et la vieillesse, il y a l'espace d'une vie, le temps de quelques amitiés et d'un grand amour de jeunesse.

ANONYME

Ami, amour, amant… je voudrais pouvoir te dire…

Tu as fait de moi ce que je suis parce que tu m'aimes, comme j'ai fait de moi ce que je suis parce que je t'aime. Et pourtant je reste moi-même, fidèle à ce que je suis et à ce que je veux devenir.

L'amour est à la source du bonheur.

L'amour est la source du bonheur.

Car l'amour, le vrai, ne change pas les gens, il les ramène à leur état premier.

Aujourd'hui je porte l'amour en moi comme une fontaine de jouvence, une source fraîche à laquelle moi-même je m'abreuve.

Si de façon générale, la jeunesse n'aime pas le conformisme, c'est parce que cela n'a jamais fait avancer les choses.

La poésie est une éternelle jeunesse qui ranime le goût de vivre jusque dans le désespoir.

ANDRÉ SUARÈS

Aujourd'hui, je vais trouver la beauté dans le moindre geste, la moindre attention.

Je vais regarder ce qui m'entoure avec le regard de l'enfant, l'âme du poète.

Je vais considérer les événements sous un nouveau jour.

Je vais tâcher de voir le bon côté des choses, découvrir l'opportunité qui se cache derrière l'épreuve, l'espoir derrière le chagrin, l'amour derrière la colère.

Aujourd'hui, c'est mon regard qui change.

La jeunesse est un art.

OSCAR WILDE

Rester jeune, c'est être capable d'innocence.

C'est avoir le courage de se montrer dépourvu face à l'inconnu.

C'est regarder l'avenir comme on regarde un coucher de soleil.

C'est reconnaître qu'il reste toujours quelque chose à apprendre.

C'est démontrer son émerveillement devant la beauté.

C'est pouvoir sourire devant l'adversité.

C'est avoir l'intelligence de la folie.

C'est…

Rester jeune, c'est beaucoup et si peu à la fois.

Défendez-vous par la grandeur,
Alléguez la beauté, la vertu, la jeunesse :
La Mort ravit tout sans pudeur.

JEAN DE LA FONTAINE

L'enfant tombe et se relève. Il est plus grand et plus fort que le jeu lui-même. Rien ne l'impressionne, tout est à sa mesure, et seul le regard de l'adulte vient fausser sa perception des choses et du monde.

Si je pars perdant, alors je perdrai, assurément.

Si je suis le plus fort, dans mes rêves et dans ma tête, alors je gagnerai. Peut-être pas tout de suite, mais le jour viendra, assurément.

Aujourd'hui. je serai animé par la foi et l'acharnement de la jeunesse.

La jeunesse, c'est la capacité de changer ses habitudes.

Eric Allouch

Comment puis-je faire de chaque jour un nouveau jour, malgré la routine, les horaires chargés, le « neuf à cinq » ?... Comment puis-je faire de mes soirées, de mes fins de semaine, des moments uniques, différents et agréables ?

Aussi banale que puisse paraître cette simple question, je devrai peut-être faire un effort pour y répondre, car les habitudes sont trop souvent si bien ancrées qu'on en devient esclave et prisonnier.

Est-ce qu'il m'est difficile d'imaginer une soirée sans télévision ? Une fin de semaine sans magasinage ? Des menus différents pour les repas ? Est-ce qu'il m'est possible de faire autre chose que ce qui était prévu ?

Si j'admets qu'il est nécessaire d'avoir une certaine discipline et des règles de vie claires pour mener une vie riche et heureuse, je ne me laisse pas enfermer dans le carcan des automatismes et de la routine.

Aujourd'hui. je serai capable de remettre en question mes habitudes.

Suivez l'exemple des enfants qui vivent pour le simple plaisir de l'instant présent.

PAUL WILSON

Qui sommes-nous pour affirmer que la jeunesse n'est qu'un berceau de rêves et d'illusions qu'il nous faut un jour oublier afin de devenir adulte ?
Quel serait le visage de ce monde s'il n'y avait pas de rêveurs ?
À quoi ressemblerait notre société s'il n'y avait pas d'artistes plein d'illusions ?
Au fond, ne sommes-nous pas comme des grands enfants prisonniers de leur propre jeu, des marionnettes prises au piège de la vie ?

Aujourd'hui est un nouveau jour que je m'efforcerai de vivre une minute à la fois.

Sans la musique, la vie serait une erreur.

NIETSCHE

Quelques notes de musique s'écoulent autour de moi et je me sens soudain enveloppé et bercé dans un monde de délicatesse et de douceur. La musique devient mouvements et gestes gracieux, le corps un instrument de charme et de beauté où se perdent les yeux de ceux qui restent des enfants, éternels poètes aux yeux du monde et de Dieu.

Le temps n'a pas de prise sur ce que je suis vraiment. Les années passeront et je garderai ce que j'ai de plus beau en moi.

Rien n'est grave si ce n'est de perdre l'amour.

FRÈRE ROGER (TAIZÉ)

L'amour est une rivière qui s'écoule au rythme des saisons et des hasards de la vie. C'est un cœur qui se gonfle au contact d'une harmonie qui lui est propre. Ce sont des yeux qui s'éclairent devant la beauté du monde ou d'une seule personne.

L'amour est une Joconde aux mille visages, une bouche aux mille sourires. C'est le rire cristallin d'un enfant heureux, l'étreinte émue d'amis qui se retrouvent. C'est deux mains qui se touchent pour la première fois, ou pour la dernière.

L'amour est le souffle quotidien de ma vie, le souffle de toute vie.

Trouvez dans les petits riens de la vie les ingrédients de votre bonheur.

Et la jeunesse ? C'est sentir la folie du monde adulte et la refuser. C'est croire aux vertus de la parole, au profond désir de paix.

JEAN-PAUL LEBOURHIS

On peut être jeune à tout âge. L'essentiel réside dans notre façon d'aborder la vie.

Car il faut être un peu rebelle pour conserver sa jeunesse, refuser les moules et les clichés, ne pas craindre d'être en désaccord avec ce qui vient à l'encontre de ses rêves, de ses croyances et de sa propre intégrité, ne pas croire à « l'inévitable », «l'inexorable», parce que la vie n'est pas écrite d'avance et que l'on devient ce que l'on croit.

Aujourd'hui, je reste fidèle à mes choix.

Ah ! La jeunesse, l'immortelle poésie du cœur !

LAURE CONAN

L'hiver et son haleine de glace essaient parfois de me repousser à l'intérieur de mes frontières, à la recherche du confort douillet de mon foyer. Pourtant, qu'elle est belle cette saison qui vient jusqu'à ma porte pour s'endormir dans son manteau d'hermine. Quand la bourrasque passe à ma fenêtre en emportant des milliards d'étoiles de neige, je vois se dessiner sur la toile bleue de l'infini des danseurs fantomatiques et éphémères qui s'évanouissent dans le dernier mouvement d'une valse endiablée.

Aujourd'hui, je saurai vaincre ma torpeur pour aller respirer le grand air qui fait tant de bien au corps et à l'âme.

Tu veux rester jeune ? Aime !

HERVÉ DESBOIS

L'amour est un joyau sans prix dont la valeur est aussi inestimable que le sang qui coule dans mes veines. Invisible comme une bouffée d'air, il sait pourtant se parer des plus beaux atours et s'envelopper des parfums les plus suaves. Sans existence physique, il est pourtant doué d'une puissance et d'une force extraordinaires, qualités qu'il transmet à celles et ceux qui se laissent habiter de son énergie.

Aujourd'hui, je ravive l'amour qui sommeille en moi, celui que je reçois, celui que je donne aux autres, car l'amour me garde en vie.

Aujourd'hui, c'est déjà hier. Mais demain n'est pas encore trop tard.

HERVÉ DESBOIS

Un homme méfiant et inquiet regardait passer la vie en attendant d'être sûr et certain que son tour vienne avant de lancer ses rêves dans la grande aventure. Les uns après les autres, les jours se suivaient et finirent par devenir des mois, puis des années, et l'homme attendait encore et toujours que son tour arrive, car ses peurs l'aveuglaient à tel point qu'il ne voyait pas tout ce qui passait à sa portée. Lorsqu'il fut assez vieux pour se rendre compte que sa jeunesse n'était qu'un vague souvenir, l'homme comprit enfin son erreur. Le choc fut si intense qu'il en fut transformé, à tel point qu'il se mit à rire de lui-même comme il n'avait jamais ri de toute sa vie. Secoués par un déluge d'émotions où se mêlaient rires et sanglots, ses rêves furent enfin libérés de leur prison et commencèrent à se répandre et à grandir tout autour de lui. L'homme en fut transfiguré et toutes les années perdues en vaines attentes s'effacèrent de son visage.

Il n'est jamais trop tard.

Et l'homme meurt une première fois à l'âge où il perd l'enthousiasme.

HONORÉ DE BALZAC

Le corps est une locomotive dont il ne faut pas craindre de se servir. Donnez-lui du bon « fuel », entretenez-le comme il faut, tâchez de parer aux « ennuis mécaniques » du mieux que vous pouvez, et vous pourrez en faire bon usage pendant longtemps ! Au fond, il s'agit d'être un bon « chauffeur ».

Aujourd'hui, je ne crains pas de bouger, car rester jeune implique de rester actif.

Nature est un doux guide, mais non pas plus doux que prudent et juste.

MONTAIGNE

Je reviens d'une escapade dans la nature, une petite fugue en dehors des sentiers du monde et des hommes, une évasion qui nettoie le corps et l'esprit. Je me suis offert une thérapie à ma façon, un traitement de nature où les arbres étaient mes confidents, le ciel le témoin de ma délivrance. L'air était pur et revigorant; je me suis senti revivre.

Régulièrement je prendrai des bains de nature.

Ce n'est pas parce qu'on est «vieux» qu'on doit
se sentir vieux.

*La jeunesse, c'est plus qu'une peau fraîche !
C'est un état d'esprit ! C'est une vigueur, une
pensée possiblement aussi fugitive que la beauté !*

HÉLÈNE HOLDEN

Je veux être un rebelle du temps qui passe, un
délinquant de la monotonie. Je veux vivre avec
un grain de la folie de mes seize ans et toute la
passion de mes vingt ans, la curiosité de mon
enfance et la détermination de mes illusions. Il
n'en tient qu'à moi que la vie ne soit pas qu'une
succession de journées qui se ressemblent. Le
vent qui souffle dans mes cheveux, les rayons du
soleil qui viennent caresser ma peau et tous les
messages de la nature ne sont pas les mêmes
qu'hier. Et je peux faire en sorte qu'il en soit ainsi
de ma vision du monde et des gens. L'avenir ne
s'écrit pas ailleurs que dans l'esprit de ceux qui
le créent comme ils le rêvent.

Aujourd'hui, je réalise que l'esprit est sans âge et
que lui seul donne vigueur et jeunesse.

*Les signes du temps sont visibles sur le visage,
mais la vraie jeunesse se lit dans les yeux.*

HERVÉ DESBOIS

Puisque les yeux sont le reflet de l'âme, il me faut
ramener le calme dans mes tempêtes intérieures,
savoir effacer les ombres du passé et faire la paix
avec les autres et moi-même, afin que la sérénité
illumine mon visage et rayonne au-delà de mon
regard.

Aujourd'hui, j'oublie la ride au coin de mon œil,
mais je m'attarde à l'éclat de mes yeux.

Comme rien n'est plus précieux que le temps, il n'y a pas de plus grande générosité qu'à le perdre sans compter.

MARCEL JOUHANDEAU

Je donnerai de mon temps comme je donne de mon sang, comme on fait un don de vie. Je donnerai un peu de mon temps, un peu de ma vie, car ce temps qui m'appartient pourra donner espoir et réconfort à l'ami en détresse ou à l'étranger en besoin.

Ramener le sourire et sécher les larmes, n'est-ce pas redonner un peu de vie ? N'est-ce pas insuffler un peu de jeunesse ? J'ai vu des femmes et des hommes complètement transfigurés par des gestes d'entraide; c'était comme leur donner un nouveau souffle, une deuxième vie.

Aujourd'hui, je ne déprécierai pas ma capacité à aider.

Un repas est insipide, s'il n'est assaisonné d'un brin de folie.

DIDIER ERASME

Aujourd'hui, je suis convié au grand festin de la vie, un banquet où tout le monde est invité mais où chacun est libre de venir ou pas. Il y a des moments de grande excitation et d'autres moments où le temps semble flotter, des moments de griserie où l'âme se saoule du nectar de l'amour et des moments où règne une grande tranquillité. La vie est tumulte et apaisement, amour et colère, plaisir et abandon; la vie est un torrent d'imagination qui bouscule les paysages inertes, c'est un océan de création pour noyer l'ennui d'un quotidien devenu trop lourd ou trop sérieux. La vie est un banquet vivant et animé dont il faut jouir jusqu'au dessert.

Aujourd'hui je veux sentir la vie qui bat en moi comme une source d'éternelle jeunesse.

Rester jeune, c'est vivre une nouvelle vie chaque jour.

HERVÉ DESBOIS

Aujourd'hui, je me lève en reconnaissant que je suis maître de ma vie, en commençant par cette journée qui s'ouvre à moi. Un jour à la fois je bâtis cette existence qui est la mienne, en ne comptant que sur moi, sans rien attendre de qui que ce soit, même si je reconnais l'importance des autres qui m'entourent. Au risque de paraître individualiste, cette attitude me préserve des déceptions, et elle a le mérite de me garder toujours « sur la brèche », signe de la jeunesse de l'esprit.

Aujourd'hui, j'admets que c'est à moi seul qu'incombe la responsabilité de ma vie.

Voici une recette, sinon pour l'éternelle jeunesse, au moins pour vivre heureux. Elle nous vient d'un vieux médecin qui écrivait à son fils afin de lui donner quelques conseils.

« Marche deux heures par jour. Dors sept heures toutes les nuits. Lève-toi dès que tu t'éveilleras. Travaille dès que tu es levé. Ne mange qu'à ta faim, toujours lentement. Ne bois qu'à ta soif. Ne parle que lorsqu'il le faut et ne dis que la moitié de ce que tu penses. N'écris que ce que tu peux signer. Ne fais que ce que tu peux dire. N'oublie jamais que les autres compteront sur toi, mais tu ne dois pas compter sur eux. N'estime l'argent ni plus ni moins qu'il ne vaut; c'est un bon serviteur mais c'est un mauvais maître. »

Aujourd'hui, je trace mes propres repères.

Les années qui passent sont comme autant de couches de neige qui s'accumulent au gré des tempêtes. Mais qui a dit que le printemps ne reviendrait pas ?

La jeunesse a cela de beau qu'elle peut admirer sans comprendre.

ANATOLE FRANCE

Aujourd'hui, je suis allé marcher dans la forêt. Alors que je foulais de mes pas citadins le blanc manteau que le ciel avait laissé traîner durant la nuit, j'ai vu les fantômes du printemps danser entre les arbres. Je les ai vus poursuivis par une brise coquine qui, au passage, faisait tomber des arbres les écharpes du ciel.

Le temps n'est temps que parce qu'il passe.

HUBERT NYSSEN

Si je devais considérer ma vie comme un chemin traversant les saisons, j'aimerais pouvoir me retourner et regarder un beau ruban sinueux dont les courbes légères passeraient le plus clair du temps par des vallons et des prairies baignés de soleil et de pluie. Le temps passé à marcher sur des terrains cailloux et accidentés, dans le froid, les orages et les tempêtes, ne serait là que pour me rappeler combien il me faut apprécier les beaux jours.

Aujourd'hui. je m'efforce de découvrir ce qu'il y a de plus merveilleux autour de moi.

Un beau soir l'avenir s'appelle le passé
C'est alors qu'on se tourne et qu'on voit sa
jeunesse.

LOUIS ARAGON

Je ne veux pas me retrouver à l'automne de ma vie sans avoir connu ni printemps ni été. Je ne veux pas avoir à regretter d'avoir fait, ou de n'avoir pas fait.
Je ne veux pas sentir le poids des années perdues à faire autre chose que ce que je désirais réellement.

Aujourd'hui. je considère ce que je fais de mes jours à la lumière de mes ambitions.

*La plus belle des jeunesses : la jeunesse de l'esprit
quand on n'est plus jeune.*

LÉAUTAUD

Certains «scientifiques» essaient de mettre le fait
de vouloir rester jeune sur le dos d'un quelconque syndrome, une quelconque nouvelle
«maladie» comme ils savent si bien en inventer
de nos jours.

Mais est-ce que rester jeune signifie être
irresponsable ? Est-ce que cela signifie vraiment
refuser de devenir adulte ?

Rester jeune, c'est certainement refuser beaucoup de choses, et en particulier celles que l'on
tente de nous imposer à coups de messages et de
discours pseudo-scientifiques.

Rester jeune, c'est refuser de vieillir, refuser
l'inaction, la rigidité, l'hypocrisie et la réserve.

Rester jeune, c'est accepter le temps qui passe et
refuser de vieillir dans sa tête.

Aujourd'hui, je décide d'être qui je suis réellement, peu importe le jugement des autres, quels
qu'ils soient.

N'ayons cure du temps qui passe et profitons de la vie, car il n'a pas besoin de nous pour s'écouler.

HERVÉ DESBOIS

Aujourd'hui, je ferai ce que j'ai à faire sans compter le temps qui passe, ni le temps passé, et encore moins celui qui reste. Ma journée se mesurera en réalisations, non en minutes ou en heures.

Vous êtes aussi jeune que votre foi.
Aussi vieux que votre doute.
Aussi jeune que votre confiance en vous-même.
Aussi jeune que votre espoir.
Aussi vieux que votre abattement.
Vous resterez jeune tant que vous resterez réceptif.
Réceptif à ce qui est beau, bon et grand.
Réceptif aux messages de la nature, de l'homme
et de l'infini.

NICOLE GIRARD

Personne n'est si jeune qu'il ne puisse mourir demain.

PROVERBE SUÉDOIS

Je sais que nous vivons une époque qui peut pousser à la paresse ou à l'inaction, et parfois, nous pouvons avoir l'impression que tout nous est dû, et nous nous étonnons si tout ne nous est pas donné. Il nous arrive pourtant d'être si près de perdre quelqu'un ou quelque chose de cher que nous finissons par enfin réaliser à quel point nous y tenons.

N'attendez pas demain pour aimer vraiment.

La vraie vie est si souvent celle qu'on ne vit pas.

OSCAR WILDE

Est-il possible de ranimer ces rêves qui peuplaient ma jeunesse et qui parfois reviennent hanter ma mémoire ?

Y a-t-il au fond de moi quelque désir d'être, de faire ou bien d'avoir que je n'aurais jamais eu le courage de mener à bien ?

Et si je considérais la vie que je mène aujourd'hui, pourrais-je affirmer qu'elle est ce que j'ai toujours voulu qu'elle soit ?

S'il faut parfois du courage pour affirmer ce que l'on est vraiment, il faut aussi de la détermination et de la persévérance pour atteindre ses buts et réaliser ses rêves.

Mais n'est-ce pas là le propre de la jeunesse ?

Aujourd'hui, je cherche à raviver les rêves qui me sont chers.

Ce n'est pas assez de faire des pas qui doivent un jour conduire au but, chaque pas doit être lui-même un but en même temps qu'il nous porte en avant.

GOETHE

La vie n'est certainement pas une route parfaitement plane et droite, ce qui serait terriblement ennuyeux, d'ailleurs. Non, la vie est comme une symphonie, avec ses moments de douceur et ses moments de colère, ses accalmies et ses emportements, ses crescendo et ses descentes aux enfers. La vie est tristesse et passion, amour et violence, laideur et beauté.

La vie ressemble parfois à un champ de bataille impitoyable, mais elle peut être aussi une oasis de paix où il fait bon vivre, grandir et s'épanouir.

Au fond, quel que soit son visage, notre vie est ce que nous en faisons, ni plus, ni moins.

La folie est bien souvent dans l'œil de celui qui regarde.

HERVÉ DESBOIS

Nous vivons dans un monde où il n'est pas toujours facile de distinguer le bien du mal, le tort de la raison, le vrai du faux. Si la plupart des gens de cette terre ne désirent que le bonheur, certains se complaisent dans le mensonge et l'hypocrisie.

N'écoutez pas celui qui vous dit que vous êtes fou ou que vos buts sont irréalistes et qui ne cherche pas en même temps à vous aider.

Écoutez plutôt la petite voix intérieure qui vous parle en silence, car si les conseils peuvent être parfois utiles et bienvenus, vous restez votre meilleur conseiller.

Aujourd'hui, je me fais confiance.

La jeunesse, comme la verdure, pare la terre ;
mais l'éducation la couvre de moissons.

RIVAROL

Je veux être à la fois l'étonnement de l'enfant et
la sagesse du vieillard; être l'eau impétueuse du
torrent et l'eau du lac endormi; les flammes du
grand feu et la braise rougeoyante.
Je veux être à la fois la vie qui s'éveille et la vie
qui mûrit.

Aujourd'hui, je serai l'élève attentif à la grande
école de la Vie.

L'âge mûr est le plus beau de tous. On est assez vieux pour reconnaître ses erreurs passées, mais encore assez jeune pour en commettre de nouvelles.

MAURICE CHEVALIER

Où réside l'intérêt de vivre si je dois constamment faire attention ? Comment trouverais-je du plaisir à l'existence si je me laisse envahir par la peur ? Je dois faire autant confiance à ma capacité de raisonner qu'à celle d'oser la nouveauté et le défi. L'humanité se reconnaît dans ses plus belles réalisations, mais aussi dans ses erreurs.

Aujourd'hui, j'ose surmonter mes craintes de l'échec. Et qu'importe si je tombe, je me relèverai.

Prends le temps chaque jour de revenir en toi.

ROBIN CASARJEAN

À vouloir vivre trop vite, ne risque-t-on pas de s'essouffler et de hâter l'usure du temps ?

À désirer toujours plus et mieux, ne risque-t-on pas de ne pas voir ce que l'on a déjà ?

Aujourd'hui, je ne me laisserai pas emporter par la vague d'un quotidien trop pressé.

Aujourd'hui, j'éprouverai la satisfaction d'être ce que je suis et d'avoir ce que j'ai.

Aujourd'hui, je vais prendre le temps de me sentir en vie et bien dans ma peau.

Il n'importe guère que l'on soit belle; un beau visage change bientôt, mais une bonne conscience reste toujours bonne.

MARQUISE DE LAMBERT

Un jour ou l'autre tout s'efface : le temps, les années, les larmes et les sourires. Il ne reste alors que des images auxquelles s'attache un parfum d'éternité.

Combien de temps un souvenir peut-il rester vivant ?

Ces yeux que j'observe dans mon miroir, garderont-ils toujours l'éclat de mes vingt ans ? Seront-ils assez transparents pour effacer le poids des rides et des années ?

Une âme légère supportera sans gêne le temps qui passe sur le visage.

Une âme libre restera toujours jeune.

Aujourd'hui, je m'attache aux aspects importants de la vie.

Sourire, c'est l'envers de la nuit, c'est la douceur d'un baiser, le réconfort dans la tourmente, c'est la promesse de jours meilleurs.

Sourire, c'est un peu dire « je t'aime », c'est dire combien tu comptes.

Sourire, c'est comme dire merci, c'est dire l'amour et l'amitié.

Sourire est un langage universel.

Aujourd'hui, j'aurai le sourire aux lèvres et dans mes yeux.

Jeunesse et vieillesse ne se calculent ni en années ni en nombre de rides.

HERVÉ DESBOIS

Qu'on me traite de rêveur ou de fou, d'être puéril ou candide, j'irai jusqu'au bout de mes illusions, peu importe le temps qu'il me faudra pour y arriver. Rester jeune demande d'avoir le courage de croire en ses rêves et de les poursuivre avec la détermination du vainqueur, car abandonner la quête de ses buts est un premier pas vers le déclin.

Aujourd'hui, je décide de rester bien vivant en jetant toute ma fougue dans mes engagements.

Prends le temps avant qu'il ne te prenne.

PAUL CARVEL

Quand je regarde les jours qui s'écoulent sans égard à la jeunesse ni à la vieillesse, je ne peux m'empêcher de voir la vie comme un grand navire voguant sur les eaux du temps. L'humanité tout entière est à bord. Chaque homme, chaque femme, chaque enfant a sa place sur un pont ou un autre, certains loin du soleil, d'autres trop près. Et la croisière va de-ci de-là, portée par les vents et les marées, croisant tempêtes et accalmies, au gré des courants et des pensées. Si les hommes ont parfois l'impression de tenir le gouvernail du grand navire et de le guider selon leurs visées, il ne faut pas perdre de vue que tous autant que nous sommes, nous vivons dans un ordre naturel bien plus grand que n'importe quel dessein politique ou économique, bien plus grand que l'humanité elle-même.

Quand je regarde les jours qui s'écoulent et me conduisent vers mon destin, je ne peux m'empêcher de voir la vie comme un grand navire où je suis un passager voguant à la découverte de nouveaux paysages.

Je ne cherche pas à remonter le courant, mais je m'en sers pour aller là où je veux, et le plus loin possible.

On ne possède rien, jamais,
Qu'un peu de temps.

EUGÈNE GUILLEVIC

Nous pouvons perdre beaucoup de temps à nous en faire pour l'avenir, ce que nous aurons, ce que nous ferons, ce que nous deviendrons…

S'il est légitime de faire preuve d'un minimum de prévoyance et ne pas fermer les yeux sur notre futur, il ne faut pas pour autant en devenir aveugle au point de laisser passer les richesses et les beautés du présent. Et, de toutes façons, tout ce que nous amassons en ce monde ne nous suivra pas dans l'autre monde, quel qu'il soit.

Si je pense à demain, je n'oublie pas de vivre au présent.

Le corps est la maison de notre âme. Ne faut-il pas s'occuper de la maison afin qu'elle ne tombe pas en ruine ?

PHILO JADAEUS

Je ne suis pas stupide au point de penser que l'activité physique me gardera un corps d'Adonis ou de jouvenceau.

Je ne suis pas candide au point de croire que le temps n'aura pas de prise sur la maison de mon âme.

Même les arbres au tronc lisse finissent par arborer leur écorce sculptée par le temps. Mais ils semblent le faire avec grandeur et fierté. C'est leur beauté, leur sagesse et leur force qu'ils exhibent ainsi.

Les arbres nourrissent de leur sève autant leur cœur que leur écorce. Et l'un ne sera pas beau sans l'autre.

Aujourd'hui, je m'occupe de toutes les facettes de ma vie et de ma personnalité.

J'ai suivi tes pas dans la neige. Ils m'ont conduit jusqu'au printemps.

Et coule le sang dans tes veines
Comme une rivière dans la plaine
Et coule l'amour dans ton sang
Comme une carrese dans le vent
Prenons le temps
Tant qu'il est là
Prenons le temps
Tant qu'il y en a.

Un passionné ne travaille jamais donc, tout le temps.

YANNICK THERRIEN

Il y a toujours quelque part au fond de nous une petite lumière qui veut nous éclairer, mais que nous avons trop souvent tendance à étouffer; une petite voix qui cherche à nous guider mais que, trop souvent, nous cherchons à faire taire.

Si je ne fais pas ce que j'aime, ne suis-je pas en train de me mentir, en train de me trahir ?

Vivre pleinement sa vie implique de pouvoir et savoir écouter ses sentiments, et il faut être obstiné dans sa recherche du bonheur et de la vérité

Aujourd'hui, j'ai le courage de me remettre en question.

Ils se contentent de tuer le temps en attendant que le temps les tue.

SIMONE DE BEAUVOIR

Aujourd'hui je repousse les frontières de l'inaction en combattant ma propre inertie.

Je veux remplir ce jour d'un océan de satisfaction, du contentement que procure le travail bien fait, de la griserie qu'offre la victoire sur mes propres limites.

Aujourd'hui, je ferai quelque chose de bien, quelque chose d'utile, quelque chose dont je pourrai être fier.

A soixante-dix ans commence l'été indien de la vie.

EDWIN SCHNEIDMAN

Où que mes yeux se posent la vie est là, dormante ou renaissante, nouvelle ou grandissante. Quand la bise et le froid transfigurent le visage des rivières, la vie continue de battre malgré tout. C'est le grand sommeil qui prépare le renouveau, le long repos avant la résurgence de l'existence.

Puis le printemps de la terre et des hommes se déverse sur mon coin de pays, s'étirant au rythme de la sève qui coule au cœur des arbres. Les rivières sont gonflées de toute la force de la jeunesse.

Ensuite, l'été emporte tout dans un océan de soleil et de couleurs, un déluge de chaleur et de parfums. Au seuil de l'automne, la nature est flamboyante et porteuse d'espoir d'une autre vie.

Quelle que soit la saison, la rivière ne s'arrête pas de couler.

Il n'est rien de plus précieux que le temps,
puisque c'est le prix de l'éternité.

LOUIS BOURDALOUE

Pourquoi devrais-je attendre l'heure de ma
retraite pour commencer à m'intéresser au
bénévolat, à l'entraide, aux autres ? Si je ne peux
savoir ce qui m'attend de l'autre côté de cette
vie-ci, je peux au moins entreprendre, créer et
faire des gestes dont je pourrais être fier et dont
je ne regretterai pas les conséquences. Cela ne
peut faire que du bien.

S'il devait y avoir une éternité pour moi, quelle
que soit sa forme, je veux pouvoir affirmer sans
rougir la paternité (ou la maternité !) de mes
actions.

Rester jeune implique certainement d'être bien
dans sa peau. Comment puis-je l'être si je ne
pense qu'à moi ?

Aujourd'hui, je m'interroge sur ma façon de voir
les autres.

Les raisons d'aimer et de vivre
Varient comme font les saisons.

LOUIS ARAGON

La vie est une succession d'événements dont je suis tantôt la cause, tantôt l'effet, des aventures dont je suis le héros ou la victime.

La vie est un mouvement perpétuel qui me fait osciller entre tristesse et bonheur, entre colère et joie. C'est une longue traversée où je navigue tantôt dans la tempête, tantôt sur des eaux calmes. C'est un voyage parsemé de pièges et de bonnes fortunes.

S'il ne peut y avoir de vie sans amour, il ne peut y avoir de vie sans accrocs.

Aujourd'hui, je considère avec bienveillance tous les visages de la vie.

Je voulais perdre du temps, et c'est ce que j'ai fait, mais pas tant que ça !

HERVÉ DESBOIS

Aujourd'hui, je considère ce qui m'est précieux dans la vie, et j'y accorde toute l'importance que cela mérite.

La jeunesse est une victoire du goût de l'aventure
sur l'amour du confort.

Douglas MacArthur

Je me suis lancé sur les chemins de ma « folie »
parce que je préfère les sentiers sinueux et surprenants aux grandes routes planes et droites.
Je suis parti sur des chemins qui ne vont pas dans
le sens des grands circuits du monde, et qui pourtant les croisent ici et là.
Et si souvent je donne l'impression de marcher à
l'envers des autres, c'est que j'ai le courage de
suivre la voie de mon cœur plus que celle de la
raison.
Après tout, qui a tort et qui a raison ?

Aujourd'hui, je fais mes propres traces.

Aujourd'hui, j'ai le printemps qui bat dans mes veines.

J'ai des rêves enfouis qui reviennent briller dans mes yeux.

J'ai le cœur gonflé comme un bourgeon prêt à éclater,

Je suis la fleur et le parfum, le soleil et la chaleur.

Je suis le vent qui repousse les nuages.

Je suis la vague qui découvre d'autres rivages.

Aujourd'hui, je me laisse porter par une nouvelle vague de jeunesse.

Clin d'œil sur les élixirs de jeunesse...
Restez jeune grâce au vinaigre de cidre !

L'origine du vinaigre est sans doute aussi ancienne que celle du vin pour la bonne et simple raison que, laissé à l'air libre, le vin devient rapidement acide et il tourne au « vin aigre ». Les Grecs et les Romains en versaient dans l'eau pour la rendre rafraîchissante et en éliminer les bactéries. Il existe de nombreuses recettes qui mettent le vinaigre à l'honneur. Un certain docteur D.C. Jarvis, auteur de *Arthritisme et vieux remèdes,* lui attribue tant de vertus qu'il le place au rang d'élixir de jeunesse.

Alors mettez du vinaigre dans votre vie avant que votre vie tourne au vinaigre !

La jeunesse est, avant tout, un état d'esprit.

HERVÉ DESBOIS

Même la nuit la plus noire porte en son manteau des milliards d'étoiles qui permettent au voyageur égaré de se guider. La vie est un combat quotidien, la plupart des gens s'entendent là-dessus, mais c'est un combat que l'on peut envisager de son propre point de vue, comme un grand échiquier sur lequel on a toujours le loisir de déplacer ses propres pièces. On peut se dire que rien ni personne ne nous fera de cadeaux, et que chacun est plus ou moins tributaire de ce que font les autres. Mais si nous prenons conscience que, individuellement, nous avons un certain pouvoir sur notre vie, même minime, alors on peut graduellement étendre notre sphère d'influence et en prendre ainsi un peu plus le contrôle.

Aspirer à la jeunesse c'est aussi croire que tout est possible, jusqu'au bout, au risque de se faire regarder de travers par celui qui est devenu si sérieux qu'il ne sait plus sourire.

Aujourd'hui, je saurai accueillir ce qui m'arrive avec sagesse, récompense ou épreuve, car l'une et l'autre n'arrivent pas pour rien.

C'est aussi un art que d'être fou de temps en temps.

PROVERBE ALLEMAND

Aujourd'hui, j'aurai le courage d'entreprendre, la force de surmonter mes peurs et la persévérance de vaincre les résistances.

Aujourd'hui, j'aurai la curiosité pour la nouveauté, l'inhabituel et l'inconnu.

Aujourd'hui, je saurai sortir des sentiers battus malgré les récriminations ou les sarcasmes.

Aujourd'hui, je goûterai à la témérité.

Les enfants commencent par aimer leurs parents. En grandissant, ils les jugent, quelquefois ils leur pardonnent.

OSCAR WILDE

Si la jeunesse est une « maladie », je souhaite ardemment qu'elle soit transmissible. Et le fin du fin serait qu'elle soit incurable !

Cependant, pour rester jeune, il faut être jeune. Ceci semble une évidence, et pourtant… Suis-je vraiment capable de me mettre à la hauteur des enfants ? Les miens, ceux de mes amis, ceux que je croise ? Suis-je capable de rire et m'esclaffer librement pour un rien, une bêtise ? Est-ce que je sais encore m'allonger par terre pour jouer à la poupée, à la bataille ou à n'importe quel autre jeu d'enfant ? Suis-je encore capable de jouer et simplement me laisser aller ?

Aujourd'hui, je saurai me mettre au diapason de l'enfant qui est en face de moi afin de recueillir l'esprit de sa jeunesse comme on recueille l'eau d'une source fraîche.

Afin qu'une lampe continue de brûler, il nous faut y ajouter de l'huile.

MÈRE TERESA

On peut quelquefois avoir l'impression de n'être qu'un grain de sable dans la grande tourmente de la vie, maillon sans importance d'une grande chaîne infiniment lourde et complexe.

Pourtant, que je sois père ou mère, oncle ou tante, grand-mère ou grand-père, que je sois fille ou fils, je suis moi aussi un enfant du monde et de l'humanité. Je suis d'une famille qui vit dans une très grande famille, et à ce titre, mon rôle est important.

Si je donne temps, amour et énergie à mes enfants, parents et amis, je sais aussi veiller sur moi, et c'est certainement là une belle façon de contribuer à entretenir la grande flamme de l'humanité.

Aujourd'hui, je saurai m'occuper des autres et de moi-même.

J'étends les deux bras : je touche aux deux bouts du Temps.

Victor Segalen

J'aime voir la vie comme un beau matin de printemps, alors que l'hiver hésite encore et que la neige écoule ses derniers jours. Des écharpes de brume s'attardent et s'étirent au-dessus des rivières, fantômes de la nuit bientôt chassés par un soleil encore endormi. Le jour est là, tout neuf et tout beau. Que vais-je en faire ? Quelle est la place que je vais décider de prendre ?

D'un bout à l'autre de l'existence, ma vie m'appartient.

L'important n'est pas tant ce que nous avons fait,
mais ce qu'il nous reste à faire.

HERVÉ DESBOIS

Je crois fermement que le meilleur moyen de ne pas se faire surprendre par la vie et de rester jeune est de toujours travailler à atteindre un objectif, ou d'avoir un projet qui germe dans mon esprit, aussi simple et petit puisse-t-il sembler.
Tant qu'il me reste quelque chose à faire, à découvrir, à inventer, des plans à concevoir, des buts à atteindre, alors il y a du temps devant moi. Créer, c'est être.

Avoir des rêves, c'est avoir un futur.

J'aime la personne que je suis en train de devenir.

DIANE CROSBY

Loin de ne jamais me satisfaire de ce que je fais, ou de ce que j'ai, ou de qui je suis, continuer de travailler sur moi-même jour après jour, ne serait-ce qu'un petit peu à la fois, est certainement signe de vivacité et de jeunesse d'esprit.

Il ne faut pas oublier de se féliciter pour ce qu'on a accompli et de mettre l'accent sur ses victoires personnelles; mais c'est se faire honneur de se considérer capable d'aller encore plus loin, de faire encore mieux, d'accomplir plus. Et c'est certainement une belle façon de faire un pied de nez au temps qui passe.

Aujourd'hui, je reconnais la valeur du chemin que j'ai parcouru et je continue d'avancer.

Tout homme qui a été professeur garde en lui quelque chose de l'écolier.

ALFRED DE VIGNY

Il y a quelque chose de merveilleux et d'inattendu dans le fait de rester jeune quand on ne l'est plus tout à fait : c'est l'exemple donné aux autres, et principalement aux jeunes, aux « vrais ». Rester dynamique et positif, fidèle à soi-même et à ses idéaux, aller jusqu'au bout et croire encore à ses rêves… Tous ces gestes et ces attitudes leur montrent que l'on peut « résister à l'usure du temps » et que la vie ne s'arrête pas dès qu'on a franchi le cap d'un certain âge.

Ce que je suis et ce que je fais peut être vu comme un message d'espoir et agir comme un stimulant, autant sur ceux qui sont blasés par la vie et qui traînent leur âge comme un boulet, que sur ceux qui seront bientôt projetés dans le tourbillon de la vie adulte.

Aujourd'hui, je ne crains pas d'être un modèle pour les autres.

Rien n'use mieux les vieilles patiences que les jeunes passions.

HERVÉ BAZIN

Imaginez la vie comme une rivière traversant les saisons. Il vient un jour où les eaux s'endorment dans la froidure de l'hiver, mais la vivacité du courant bouscule tout sur son passage et fait sa place au soleil.

La vieillesse est comme la glace, la jeunesse est le courant. Un jour ou l'autre, le courant finit par emporter les glaces.

Aujourd'hui, serais-je glace ou courant ?

La jeunesse est une religion dont il faut toujours finir par se convertir.

ANDRÉ MALRAUX

Aujourd'hui je peux me dire que la jeunesse de « mon temps » a contribué à faire avancer la société dans laquelle nous vivons, en apportant son lot d'initiatives et de nouveautés. Certes, il a fallu éliminer et bousculer bien des préjugés et résistances, mais c'est là le sort de toute nouvelle génération qui cherche à prendre sa place. De façon plus générale et de tout temps, n'importe quelle idée nouvelle a toujours rencontré de l'opposition.

Pourtant, je peux regarder la jeunesse d'aujourd'hui avec ouverture et intérêt, exactement comme moi-même j'aurais aimé être accueilli au même âge. S'il faut que je bouscule mes habitudes ou que je remette en question mes façons de voir et opinions, eh bien soit !

L'ouverture d'esprit, l'acceptation du changement et du renouveau sont signe d'une jeunesse sans cesse renouvelée.

Aujourd'hui, je regarde la jeunesse et j'apprends d'elle.

Le soir de la vie apporte avec soi sa lampe.

JOSEPH JOUBERT

Si le passé agit sur moi comme une entrave, j'aurai la sagesse et le courage de lui tourner le dos. Si le présent m'apparaît flou et incertain, je me tournerai vers demain pour trouver ma lumière. L'important est de regarder devant pour continuer d'avancer.

Pour réparer la perte du temps passé, il faut bien employer le présent, et ne souhaiter l'avenir que pour en faire un bon usage.

CHEVALIER DE MÉRÉ

Ceux qui disent : «À quoi bon ? À mon âge, il est trop tard ! » ne savent pas ce qu'ils manquent et se poussent eux-mêmes sur le chemin de la vieillesse.

La vie n'est certainement pas une sinécure tous les jours. Pourtant, malgré les échecs et les chagrins, il faut voir chaque jour comme une nouvelle occasion de grandir et d'avancer, une nouvelle chance de se rattraper, de s'améliorer, d'arriver à ses fins. Malgré les revers et les défaites, il faut trouver le courage de continuer en mettant l'accent sur ses victoires plutôt que sur ses insuccès. La vie nous apprend que seuls ceux qui persévèrent finissent par réussir, qu'importe leur âge.

Aujourd'hui, j'aurai l'énergie de me relever si je tombe.

Le ciel est le pain quotidien des yeux.

RALPH WALDO EMERSON

Cette année encore elles m'ont surpris. Les yeux rivés au sol, je ne voyais que la grisaille de la dernière neige agonisante; puis j'ai entendu leurs cris lointains, la joyeuse cacophonie de la jubilation du retour. Pareils à de grands rubans ondoyants dans un ciel incertain, elles ont ramené le soleil dans cette journée traversée par les soubresauts d'un hiver trop coriace. Alors j'ai relevé la tête pour les saluer : les oies blanches étaient revenues en apportant avec elles la promesse d'autres cieux plus cléments.

Aujourd'hui, je vis avec l'espoir d'un renouveau toujours possible.

Le printemps c'est la terre qui pleure de joie.

HERVÉ DESBOIS

Aujourd'hui, j'ai vu le soleil caresser la terre avec une nouvelle douceur.

Aujourd'hui, j'ai entendu la nature se détendre et respirer d'aise.

Aujourd'hui, j'ai compris que rien n'est jamais perdu.

Au printemps de nos amours
Nous goûtons la douceur de ce fruit nouveau
L'émerveillement d'une naissance
Découverte à chaque souffle de l'autre

L'été nous promet déjà les folles étreintes
Du soleil brûlant de nos passions
Et la fraîcheur apaisante des sources de tendresse

À l'automne nous savourons la sensation
pulpeuse des fruits mûrs
Et la chaleur des paysages parés de richesses
Les yeux emplis de l'or du ciel et de la terre

Et l'hiver ne viendra jamais
Si ce n'est pour rappeler à nos amours
Que la pureté de la neige
Leur gardera un éclat d'éternité

L'imagination est plus importante que le savoir.

ALBERT EINSTEIN

J'ai dans la tête des rêves un peu fous, des envies de voir d'autres pays, de rencontrer de nouvelles gens, de connaître d'autres cultures, d'essayer de nouveaux chemins, d'aller au bout de mes désirs et d'étancher mes soifs.

Soifs de connaître et d'essayer, de comprendre et de créer, d'imaginer et de réaliser.

Qu'importe si on me dit que la vie est trop courte, moi je veux croire qu'on a toujours le temps et qu'il n'est jamais trop tard pour faire le premier pas dans une nouvelle direction.

Qu'importe si on me dit qu'il n'y a qu'une vie à vivre, je revendique le droit à l'erreur et à l'espoir. Je revendique le droit à la seconde chance, qui que je sois et quoi que j'ai pu être ou faire dans le passé.

Aujourd'hui, je puise dans les richesses de mon imagination.

Qu'est-ce que « longtemps » pour une vie d'homme ?

CICÉRON

Le temps est ce que nous en faisons, ni plus ni moins. Il sera long ou court selon notre point de vue. Étrangement, plus nous en faisons dans une journée et plus nous avons l'impression d'avoir du temps.

Si les anciens disaient que l'avenir appartient à ceux qui se lèvent tôt, personnellement j'aime ajouter qu'il n'est jamais trop tard pour commencer, et que si le temps perdu ne se rattrape jamais, on peut toujours essayer. Qui sait si on ne le rejoindra pas au détour du chemin ?

Aujourd'hui, je considère ma vie d'un point de vue positif et productif.

La jeunesse se gagne avec le temps.

HERVÉ DESBOIS

Il faut souvent bien des erreurs et des échecs pour accepter que nous ne sommes que des élèves à la grande école de la vie. Et bien souvent nous sommes comme des aveugles à la recherche d'une lumière incertaine. Si l'audace et l'effronterie de mes vingt ans ont pu me conduire sur les chemins du succès, arrogance et suffisance étaient parfois bien mauvaises conseillères, et je me suis retrouvé dans le fossé à me débattre avec l'amertume de la défaite.

Si j'ai mordu la poussière et ravalé mon dépit sans un mot, son goût amer m'a donné envie de retrouver celui de la victoire, victoire sur les obstacles et l'oppression, victoire sur les épreuves et les revers de fortune, victoire sur moi-même.

Aujourd'hui, je persévère sur les sentiers que je trace, sans jamais me lasser d'apprendre.

Les enfants croient que tout est possible, les jeunes pensent qu'il leur est possible de tout faire, les adultes font de leur possible, les vieux ont l'impression d'avoir couru après l'impossible toute leur vie.

Pierre Bordage

Il est possible de se sortir de ce cercle vicieux de l'inévitable impossibilité de réussite, au même titre qu'il est possible de se débarrasser d'une mauvaise habitude. S'il est parfois essentiel d'avoir ou d'acquérir certaines connaissances, il faut avant tout avoir une bonne dose de confiance. Autrement dit, il faut croire, et avant tout en soi. Et ce qui semble assez extraordinaire c'est que, bien souvent, lorsqu'on décide d'entreprendre un projet qui sort des sentiers battus ou qui va à l'encontre des «croyances reçues», des obstacles semblent soudain se mettre en travers du chemin. Certains pourraient y voir un signe du ciel ou du destin et laisser tomber. Mais c'est précisément à ce moment qu'il faut se montrer têtu et suffisamment fort de caractère pour persévérer et garder le cap sur son but.

L'acharnement est certainement une expression de la jeunesse.

Qu'est-ce qu'une grande vie sinon une pensée de la jeunesse exécutée par l'âge mûr ?

ALFRED DE VIGNY

Jeune de cœur et d'esprit, jeune dans les rêves et dans les yeux, parce que la vie se voit et se vit à partir d'un point de vue qui n'appartient qu'à nous.

Quelle richesse que de pouvoir rester jeune et d'agir comme tel avec toute l'expérience de l'âge !

On peut regretter les meilleurs temps, mais non pas fuir aux présents.

MONTAIGNE

Le regret me tire en arrière et me fixe dans le passé comme l'ancre maintient le bateau en place. Ainsi présent et passé se mélangent, ne laissant aucune place au futur.

Les regrets ont certainement une grande force d'attraction, au point qu'ils peuvent nous empêcher d'opérer correctement dans le présent, et il n'est pas toujours facile de s'en détacher.

Nous devons nous rendre à l'évidence : nous vivons dans un monde de force, un monde où la pensée, légère et créative, entre constamment en collision avec les barrières de toutes sortes.

Pourtant, au-delà de ces apparences qui composent notre réalité quotidienne, nous devons voir et croire à la force qui nous habite : la puissance de l'esprit est tellement plus grande que celle de la matière ! Si l'inverse était vrai, nous ne survivrions pas longtemps dans ce monde. Après tout, n'est-ce pas le génie de l'esprit créatif qui vient à bout de la matière en la modelant pour ses propres besoins ?

Aujourd'hui, je regarde l'avenir avec les yeux de l'esprit.

Un jour tu ouvres la porte
Avec la clé des champs
Et là le vent t'emporte
À l'autre bout du temps

HERVÉ DESBOIS

Il ne faut jamais arrêter d'avancer car on ne sait jamais qui ou quoi on va croiser. Notre destin ne s'écrit qu'au fur et à mesure de ce que nous faisons de notre vie. Et la folie de la jeunesse est de toujours croire que quelque chose de merveilleux peut arriver, qu'importe ce que cela peut être. On appelle cela l'espoir, et il n'est pas plus vain d'espérer que de ne plus croire en rien.
L'espoir est ce qui nous projette dans l'avenir et nous fait vivre le présent de façon plus active et plus créative.

Aujourd'hui, j'ouvre la porte à l'espoir d'un avenir riche de ce que je veux bien y voir.

Je suis plein du silence assourdissant d'aimer.

LOUIS ARAGON

Aujourd'hui la sève de la jeunesse coulera en moi, la folie de l'amour brûlera dans mon cœur, l'énergie de la terre m'habitera et je me vêtirai de l'ivresse de la passion.

Aujourd'hui la joie d'aimer pétillera dans mes yeux.

Ainsi toujours poussés vers de nouveaux rivages,
Dans la nuit éternelle emportés sans retour,
Ne pourrons-nous jamais sur l'océan des âges
Jeter l'ancre un seul jour ?

LAMARTINE

Si j'ai l'impression d'être embarqué dans un manège qui tourne de plus en plus vite, que dois-je faire pour en descendre avant d'être trop étourdi ? Si parfois ma vie ressemble à un tourbillon infernal, que dois-je faire pour calmer la tempête ?

S'il est impossible d'arrêter la tornade d'un seul coup, je peux au moins commencer par apaiser ce que je me sens en mesure d'apaiser. Ensuite, seulement, je pourrai maîtriser un autre aspect de ce qui tend à me submerger et ainsi, petit à petit, reprendre le contrôle de mon quotidien.

Parfois la vie semble nous défier à l'endroit même où se trouve notre point faible. Il faut donc s'efforcer le plus possible de mener notre propre barque.

Une chose après l'autre, un jour à la fois, je remets de l'ordre dans ma vie.

La jeunesse, c'est la passion pour l'inutile.

JEAN GIONO

Le souvenir de l'hiver finit de s'évaporer au contact du printemps qui envahit tout en douceur mon coin de pays. Je regarde les oiseaux faire leurs ballets aériens pendant que le vent s'amuse à surprendre les jeunes feuilles dans les arbres. La création toute entière s'emploie à perpétuer l'ordre établi depuis des millénaires, et je m'amuse à penser qu'elle pourrait bien se passer de moi quelques minutes ou quelques heures.

Aujourd'hui, j'ose perdre et gaspiller un peu de mon temps, comme ça, pour rien, histoire d'arrêter le temps.

Est-ce que c'est toi qui tiens les rames
Chaque jour que le métro t'avale ?
Que tu retiennes ou verses tes larmes
Ce n'est pas ça qui enlève ton mal

Sais-tu seulement ce qui t'aspire
Au plus profond de tes idées noires ?
Même si ailleurs c'est encore pire
Ce n'est pas ça qui enlève ton voile

Mais si l'espoir te monte aux yeux
Laisse-toi aller dans cette vague
Il n'y a vraiment que toi qui peux
Changer la couleur de ton âme

Tu peux écrire sur tous les murs
Qui longent les couloirs de ta vie
Faire ton histoire même si c'est dur
Ta liberté n'a pas de prix

Chaque soir le soleil se couche. Et chaque matin il se relève pour éclairer la terre, peu importe les nuages ou la pluie. Un jour ou l'autre, le ciel finit toujours par être bleu.

Ainsi en est-il de la vie.

Ainsi en est-il de ma vie.

Une autre vie
D'autres pays
Un autre toit
Une autre moi

HERVÉ DESBOIS
(EXTRAIT DE «SANS REGRETS»)

Le propre de la jeunesse est le changement, l'évolution. C'est un bouillonnement quasi constant où règnent l'imagination, la création, en un mot : la vie !
Plus qu'un âge, la jeunesse est un état d'effervescence où les idées fusent et voyagent en liberté. C'est une façon d'être et de faire où la créativité n'est jamais brimée, où la «folie» n'est pas jugée ou réprimée.
L'esprit (pas le cerveau !) fonctionne à toute vapeur quand on le laisse explorer l'immensité de la création. Et l'esprit trouve sa propre voie dans l'infini des possibilités de l'imagination.

Aujourd'hui, je considère la possibilité d'être et de faire autre chose.

La jeunesse est une ivresse continuelle : c'est la fièvre de la santé; c'est la folie de la raison.

LA ROCHEFOUCAULD

Étonne-moi jeunesse d'hier et d'aujourd'hui, avenir de mon avenir.

Étonne-moi par ta folie, éblouis-moi par ta fraîcheur et tes idées.

Illumine le ciel de cette terre par l'innocence de tes vingt ans.

Tu es le souffle de la vie, l'espoir des lendemains.

Que ton rire éclate dans le cristal du temps où se figent les âmes.

Étonne-moi jeunesse éternelle, et que ton souffle redonne vie à ceux qui doutent ou qui ont cessé de croire.

Clin d'œil sur les élixirs de jeunesse...
Restez jeune avec le « régime crétois » !

« Une bonne santé passe par nos assiettes ! Une alimentation saine prévient certaines maladies et permet même de rester jeune plus longtemps.

En Crète, la plupart des habitants vivent plus de 100 ans ! Le secret de leur longévité réside dans leur alimentation. En effet, des études scientifiques ont établi le lien entre leur régime alimentaire bien particulier, appelé le « régime crétois », et leur durée de vie. Ainsi, leur alimentation se compose essentiellement de crudités variées, de fruits, de pain complet, de poisson, de viande maigre, de produits laitiers écrémés, et surtout d'huile d'olive. Mais pourquoi ce type d'alimentation est-il anti-âge ? En fait, tous ces aliments contiennent des antioxydants (vitamines, oligo-éléments...). Ces bienfaiteurs ralentissent les effets du vieillissement, car ils luttent contre les « radicaux libres ». Ces derniers sont produits par le rayonnement solaire, les fumées, l'alcool, les produits chimiques... Ce sont ces éléments nocifs qui nous font vieillir ! »

Source : www.champion,fr

Le temps est assassin et emporte avec lui le rire des enfants.

RENAUD

L'enfant rit de tout et de rien. Il a les yeux « grands comme le ciel », toujours prêt à découvrir, à s'émerveiller. L'enfant a la force de sa fragilité car il est disposé à écouter, à essayer, à apprendre. Et si moi, adulte, je suis capable de voir la vie comme une aventure merveilleuse à expérimenter, en mettant de côté mes préjugés et mes craintes irrationnelles, alors je pourrai retrouver la gaieté de l'enfant, ressentir le plaisir d'apprendre et l'excitation de la surprise.

La vie est bien plus belle à vivre si l'on s'efforce de trouver l'équilibre entre la curiosité spontanée de l'enfant et le raisonnement analytique de l'adulte, entre les plaisirs de la détente et les inévitables responsabilités quotidiennes.

Aujourd'hui, je ne laisserai pas mes vieilles peurs et ma rationalité « d'adulte responsable » prendre le dessus sur ma capacité à regarder la vie avec intérêt et enthousiasme.

Si tu remerciais Dieu pour toutes les joies qu'il te donne, il ne te resterait plus de temps pour te plaindre.

MAÎTRE ECKHART

La blancheur de la neige annonce les couleurs du printemps, et la chaleur de l'été prépare aux saveurs de l'automne.

La nature qui grandit et se renouvelle jour après jour sans fatiguer est un des mille visages derrière lequel sourit un Dieu généreux et bienveillant.

Il faut savoir en toutes saisons se nourrir du souffle de l'existence.

Il faut savoir en toutes saisons trouver les beautés de la vie.

*Rancœurs et remords dévorent l'âme aussi sûre-
ment que le cancer ronge le corps.*

HERVÉ DESBOIS

Le poids des chagrins que j'ai infligés aux autres
fait plier mes genoux et voûte mes épaules, tout
comme les rancunes et les regrets accumulés au
hasard de ma vie.

Tous ces sentiments négatifs ne font qu'accentuer
les plis sur mon front et me donnent prématuré-
ment un air de vieillesse.

Si je veux rester jeune «de cœur et d'esprit» aussi
bien que dans mon apparence physique, je me
fais un devoir de ne garder ni rancunes ni ressentiments au fond de moi, ne serait-ce qu'avec mes
proches, mes amis, ma famille.

S'il faut du courage pour oser « se regarder en
face », il faut beaucoup d'humilité pour chercher
à retisser les liens avec ceux qu'on avait « cloués
au pilori ». Mais quelle délivrance dans le pardon, quelle richesse dans la générosité !

Aujourd'hui, je cherche à retrouver le plaisir
d'être en paix avec les autres.

Le temps n'est pas une courbe lisse mais une série de cahots, de bonds et de pauses.

NIALL WILLIAMS

J'accepte les jours où ma vie traverse un désert, ces jours où l'amour et le bonheur semblent m'avoir délaissé pour d'autres cieux. Mais je veux continuer d'avancer, les yeux tournés vers l'avenir, car je sais qu'un jour ou l'autre, mon regard rencontrera de nouveaux horizons.

Le froid peut bien me mordre et le soleil brûler ma peau, je sais que les mauvais jours font aussi partie de la vie. Et je serai plus fort.

On dit que la science fait tellement de progrès que l'on pourra d'ici quelques dizaines d'années régénérer les cellules et les organes de notre corps, à un tel point que les centenaires seront légion ! Voici certainement une vision attrayante de l'avenir, mais n'oublions pas l'aspect fondamental qui régit toute existence, car à quoi bon restaurer l'enveloppe si l'esprit qui l'habite n'est pas lui-même ragaillardi ? Ce serait un peu comme mettre une rutilante et puissante voiture de sport entre les mains d'un éclopé.

Aujourd'hui, je n'oublie pas l'essentiel.

On ne refait pas sa vie à soixante-quinze ans, non, mais on peut bien la commencer.

CAMILLE LAURENS

On le sait très bien, le cycle de la vie est inéluctable et, qu'on y résiste ou non, l'issue finale est connue de tous. Qu'à cela ne tienne ! Ce qui reste d'ici là n'appartient qu'à moi. Aussi je mets tout mon amour et toute mon énergie sur cet espace de temps qui m'est donné, sans égard à sa durée. C'est certainement une façon de me garder actif de corps et d'esprit, et jeune de cœur.

Chaque nouveau jour est une occasion de vivre pleinement ma vie.

Je vois les années qui filent et j'ai toujours hâte à demain.

HERVÉ DESBOIS

L'enfant vit intensément le présent tout en se projetant constamment dans l'avenir. Sa vitalité et son dynamisme dépendent beaucoup des promesses qu'il y entrevoit.

L'enfant a toujours hâte d'arriver dans un futur plus ou moins proche, et ses yeux pétillent de plaisir et d'impatience à la pensée d'une prochaine sortie, de son anniversaire, de Noël, ou que sais-je encore.

Mon avenir n'est que la continuité de mon présent. Qu'importe les embranchements que je devrai prendre et les changements de direction qu'il me faudra faire, demain n'appartient qu'à moi.

Demain n'est que le prolongement d'aujourd'hui, et mon empressement à le voir arriver ne dépend que des rêves et des attentes que j'y mets.

En toutes choses il faut s'efforcer de trouver le bon avant de chercher le mauvais.

Les Hommes ont marché sur la Lune, il est temps qu'ils apprennent à marcher sur Terre...

ANONYME

Aujourd'hui, je m'offre un bain de bonheur, une promenade de fraîcheur.

Je sors de ma maison, je sors de mon cocon, je sors de moi.

Je m'en vais écouter et respirer l'air de cette terre qui est si belle quand on sait bien la regarder.

Aujourd'hui, je sors me changer les idées.

La jeunesse grandit dans un domaine qui n'est qu'à elle, où ni l'ardeur du ciel, ni la pluie, ni les vents ne viennent l'émouvoir.

SOPHOCLE

Toutes ces choses qui m'entourent, je les ai déjà regardées avec les yeux de l'émerveillement, le regard de l'enfance à qui rien n'échappe.

Je me rappelle l'âge où je me levais quand le soleil venait frapper à mes volets. Déjà la journée était belle et prometteuse. Chaque fleur avait sa vraie couleur et Dieu qu'elles sentaient bon ces messagères du ciel ! Même la rosée qui trempait mes sandales avait une douceur particulière, et la pluie n'avait pas l'image de « sale temps ». Il y avait bien des jours mornes de temps à autre, mais il suffisait de quelques flocons de neige fraîchement tombés pour que la vie prenne un nouvel éclat.

Qui a changé ? Les fleurs ? La rosée ? La neige ? Peut-être moi, ma façon de regarder ?

Aujourd'hui, je regagne l'aptitude à m'émerveiller.

La joie venait toujours après la peine.

APOLLINAIRE

Les émotions font partie de la palette de mes couleurs et je veux pouvoir les vivre en toute liberté. Si je peux connaître le chagrin et la colère, je peux aussi goûter à l'enthousiasme ou à la sérénité. Mes émotions n'ont rien d'artificiel ni de chimique. Elles font partie de la grande aventure humaine, elles font partie de mon état d'être, elles font partie de moi.

Être jeune c'est être en vie, et être en vie c'est pouvoir vivre ses émotions.

*Agir librement, c'est reprendre possession de soi,
c'est se replacer dans la pure durée.*

HENRI BERGSON

La routine éteint toute créativité et, de ce fait,
toute étincelle de jeunesse en nous. Hélas, nous
évoluons dans un monde de confort et d'habitudes bien ancrées. Le problème est que nous
avons besoin de points de repères pour être capables d'avancer dans la vie. Les horaires réglés
comme du papier musique et qui nous permettent
d'attraper notre bus ou d'aller conduire les
enfants à l'école ou à la garderie, les emplois du
temps et agendas qui guident et remplissent nos
journées, les rendez-vous, les obligations, les
devoirs, les courses, etc. Essoufflant !
Pourtant, il existe toujours un moment, aussi petit
soit-il, où je peux reprendre possession de mon
temps et de ma vie. Mais qu'est-ce j'en fais ?

Aujourd'hui, je découvre le temps qui m'appartient et je prends la liberté d'en faire quelque
chose de créatif.

Rester jeune, c'est peut-être ça le prix de la liberté.

HERVÉ DESBOIS

Pourquoi m'enfoncer dans des moules tout faits qui, même s'ils sont confortables, étouffent ma jeunesse à petit feu ?

Pourquoi écouter les «voix de la raison» qui me disent de ne pas en faire à ma tête et de gagner le rang parce que c'est comme ça ?

Pourquoi calmer mes passions, mon imagination et les ardeurs de ma créativité ?

Pourquoi suivre le courant parce que, soi-disant, «tout le monde le fait» ?

Aujourd'hui, je revendique le droit à la différence, le droit de penser et de rêver librement, je revendique mon droit à l'autodétermination.

La vie, c'est très drôle, si on prend le temps de regarder.

JACQUES TATI

On dit parfois que la vie n'est pas toujours drôle. Mais elle n'est pas toujours triste non plus ! Il y a chaque jour une multitude d'occasions de rire, ou à tout le moins de sourire. Il s'agit simplement de se mettre à l'écoute des gens et de prendre la vie avec un grain de sel. Rire ne signifie pas nécessairement méchancetés ni sarcasmes faciles. On peut rire des autres sans les ridiculiser et, encore plus, rire de soi-même.

C'est dans la nature humaine de rire et c'est une très bonne thérapie connue depuis des lustres ! D'ailleurs, regardez des enfants s'esclaffer et rire aux éclats, souvent pour un rien. Ils ne pensent à rien d'autre qu'au plaisir qu'ils ressentent à ce moment précis. Ils sont parfaitement dans le temps présent.

Aujourd'hui, je réapprends à rire.

*Si je devais recommencer ma vie, je n'y change-
rais rien. Je ne ferais qu'ouvrir un peu plus les
yeux.*

JULES RENARD

Comment agir au quotidien de façon à ne pas
regretter le passé et ces choix que l'on fait ? Est-
il possible de se retourner face à notre vie et considérer le chemin parcouru sans un regret, sans
un pincement au cœur ?
Ce qu'il y a de singulier avec cette existence,
c'est qu'on est parfois porté à regretter telle ou
telle décision alors qu'on ne sait jamais vraiment
à côté de quoi on est passé, ni ce qu'on a
éventuellement évité. Il m'arrive d'envier le succès ou la vie des gens que j'ai croisés durant ma
vie mais que je n'ai pas choisis comme conjoint,
associé ou ami. Mais quelle direction aurait pris
ma vie, leur vie, si nous avions fait route com-
mune ? Aurions-nous connu les mêmes déboires,
les mêmes succès ? Rien n'est moins sûr !

Aujourd'hui, j'assume les choix que j'ai faits et
je me sers de mes expériences passées, en toute
sérénité, pour améliorer présent et futur.

La jeunesse est heureuse parce qu'elle n'a pas de passé.

FRÈRE GILLES

Aujourd'hui, je regarde mes souvenirs comme on regarde un album de photographies. Certaines sont bonnes, d'autres superbes, et quelques-unes franchement ratées !

Comme je mets de côté ces dernières pour reporter toute mon attention sur les plus belles, il me faut faire de même avec mes mauvais souvenirs.

Il ne sert à rien de m'appesantir sur mes échecs et mes douleurs passés. Au contraire, mon bonheur et ma vivacité reposent sur ma capacité à ne pas me laisser atteindre par les vieilles blessures de l'âme et du corps.

Aujourd'hui, je mets toute mon attention sur mes réussites et mes forces.

Les rides, c'est le temps qui lézarde le corps afin que l'âme puisse s'en échapper.

On ne comprend pas plus la vie à quarante ans qu'à vingt, mais on le sait, et on l'avoue. C'est ça la jeunesse.

JULES RENARD

Ah ! la vie… La Vie avec un grand V… Cette fraction d'éternité dont le mystère nous englobe tous autant que nous sommes.

Pasteurs, philosophes, hommes de science, visionnaires et prophètes en tous genres… tous essaient de trouver des réponses, qui dans les textes sacrés, qui dans les livres anciens, qui dans les gênes, qui dans les étoiles…

Peut-être ont-ils tous à leur manière une partie de la réponse ?

Peut-être avons-nous tous en nous-même une partie de la réponse ?

Quel que soit mon âge, je saurai garder ma jeunesse en faisant preuve d'humilité face aux petits et grands mystères.

Aujourd'hui, j'aurai la fraîcheur et l'ouverture de l'enfance.

Car l'âme est l'essence et l'acte d'un corps.

ARISTOTE

Mettre trop d'importance sur l'apparence du corps, c'est comme délaisser la maison pour ne s'occuper que du jardin : l'extérieur paraîtra beau, mais l'intérieur sera triste et sans vie. Bien souvent, les façades ne sont là que pour cacher un vide intérieur profond, un mal de vivre qui ne peut tromper les autres très longtemps.

Si je laisse la vie m'habiter dans ce qu'elle a de plus simple et de plus beau, alors je n'aurai besoin d'aucun artifice pour être et montrer ce que je suis vraiment.

Aujourd'hui, je saurai prendre soin de mon apparence sans oublier l'essentiel.

L'Homme porte en lui son propre cancer. Il n'a pas besoin des autres pour se détruire.

HERVÉ DESBOIS

Prendre réellement conscience de ce que nous sommes et de ce que nous avons peut être un tournant majeur dans notre vie. Celui qui sait qu'il tient son sort entre ses mains est doté d'une grande richesse. Destruction ou survie ? À chacun de décider.

Nous vivons dans une ère où une certaine forme d'irresponsabilité est de plus en plus à la mode. Les vices deviennent des maladies, les immoralités des dérèglements, et « personne n'y peut rien ». Mais comment puis-je être maître de ma vie si tous les travers et les défauts ne sont le fait que des gênes ou de la chimie de mon corps ?

Ainsi, peut-être avons-nous trop tendance à reporter nos succès ou insuccès sur d'autres épaules que les nôtres et remettre notre propre réussite sur quelque hasard ou coup du destin.

Ne regardons pas la vie comme une fatalité. Ne voyons pas notre propre vie comme une affaire de hasard et de bonne ou de mauvaise fortune.

Aujourd'hui je suis conscient de mes points forts et de mes points faibles.

La jeunesse n'aime pas les vaincus.

SIMONE DE BEAUVOIR

Il n'y a aucune honte à tomber ou à échouer, tant qu'on se relève pour aller de l'avant. S'avouer vaincu c'est déjà mourir un peu et, au-delà de l'amertume que l'on peut ressentir face à l'échec, il faut savoir puiser en soi le courage et la force de continuer.

L'Homme trouve sa rédemption dans les victoires qu'il gagne sur lui-même.

Aujourd'hui, j'ai la détermination du vainqueur.

On ne s'évade de sa condition qu'en se hissant à une autre.

MARCEL AYMÉ

Aujourd'hui, j'ose rêver.

Aujourd'hui, j'ose croire en mes capacités de créer, de changer, d'être et de faire ce que je veux.

Aujourd'hui, je vais secouer la poussière du temps qui s'est accumulée sur mes rêves endormis, comme on ouvre un coffre oublié dans un grenier, un coffre qui contient des trésors qu'on avait mis là, en attendant…

Aujourd'hui, je prends conscience qu'il suffit d'une décision, d'une petite étincelle pour faire revivre ce qu'on croyait endormi pour toujours.

Aujourd'hui, je veux croire qu'il n'est jamais trop tard.

Les petits et grands drames du quotidien se vivent mieux avec un brin de philosophie.

L'amour et l'amitié, l'art et la beauté, autant d'ingrédients qui nourrissent et embellissent ma jeunesse.

HERVÉ DESBOIS

Trop souvent confronté à la rigidité d'un univers matériel froid et dur, j'aime me tourner vers la douceur et la grâce de la beauté. Harmonie et esthétique viennent toucher ma nature profonde comme l'archet fait vibrer l'âme et le violon. Musique, poésie, sculpture, cinéma, danse, peinture… je me laisse aller dans le courant d'une invisible légèreté, rafraîchi par les sources qui ont baigné l'inspiration du créateur et qui réveillent en moi l'artiste anonyme et endormi.

Aujourd'hui, je me branche sur toutes les formes de beauté qui existent autour de moi.

Le temps ne s'occupe pas de réaliser nos espérances; il fait son œuvre et s'envole.

EURIPIDE

Le jour où nous comprenons que personne d'autre que nous-même ne réalisera nos rêves, alors le bonheur est à portée de main. Il est vrai que nous vivons une ère où il est de mise de remettre la responsabilité de notre bonheur, ou de notre malheur, sur d'autres que nous-même – les gouvernements, les « autres », les étoiles, et que sais-je encore.

Comme dit si bien le proverbe : « Aide-toi et le ciel t'aidera ». S'il est impossible de vivre libre et heureux dans une société où règne l'anarchie et l'oppression, il nous faut admettre que ce n'est pas le lot de la plupart des « pays civilisés ». Ce qui revient à dire que nous avons le temps, l'espace et la liberté d'être et de faire ce que nous voulons.

Aujourd'hui, je prends conscience que les principales barrières résident en moi.

Liberté implique responsabilité. C'est là pourquoi la plupart des hommes la redoutent.

GEORGE BERNARD SHAW

Aujourd'hui, je dois comprendre que la vie qui est la mienne est bel et bien celle que j'ai choisie. Que j'évolue dans le tumulte d'une vie professionnelle intense et exigeante, que je me sente à l'étroit dans un horaire de bureau rigide ou que je doive me battre jour après jour pour obtenir de nouveaux contrats, il a fallu qu'un jour je dise oui à cette vie. Qu'il ait été murmuré du bout des lèvres ou fait sans hésitation, ce choix était le mien et le renier serait me trahir. Dès lors que j'accepte la responsabilité de mes décisions, la vie devient soudain plus intéressante et plus légère.

La jeunesse me garde jeune.

HERVÉ DESBOIS

Aujourd'hui, je serai comme le jour qui naît des cendres de la nuit, je serai une braise animée par le vent du renouveau, disposé à m'enflammer encore au contact de la vie.

La seule chose que l'on puisse décider est quoi faire du temps qui nous est imparti.

TOLKIEN

Chaque parcelle de vie impliquée dans la création est occupée à une tâche ou une autre et poursuit sa mission dans l'univers. Que l'on dise la fourmi travailleuse et la cigale paresseuse, chacune d'elles a sa place et son utilité, que j'en sois conscient ou non.

Ainsi en est-il de chaque individu, moi y compris. La différence fondamentale entre l'espèce animale et l'espèce humaine est le pouvoir de choix. Si l'une est poussée par l'instinct de la survie la plus primaire, l'autre est mue par la conscience qui l'habite, cette conscience qui est ce que nous sommes au plus profond de nous-même.

Que mon corps réponde aussi à des exigences de survie fondamentale n'enlève rien à ma nature spirituelle. Et les choix que je fais doivent être teintés aussi bien d'amour et de compréhension que de morale et d'intégrité.

Aujourd'hui, je suis pleinement conscient des choix que je fais.

La poésie c'est justement la sensation de vivre, le carpe diem, le «pays de la première fois» contre le temps qui nous rattrape, nous marche dessus, nous pulvérise.

EMMANUEL CARRÈRE

Je veux trouver l'essence de la vie dans le quotidien, me connecter aux vérités simples qui seules peuvent dissoudre les mensonges qui nous entourent, donner un sens à mon passage sur cette terre qui renferme en son cœur à la fois les laideurs et les beautés du monde.

Je veux m'émerveiller de tout et de rien, du parfum fugace des fleurs porté par la brise, de l'acte héroïque qui fait de l'être humain un ange de grandeur, du bourgeon qui s'ouvre aux rayons du soleil, de l'enfant qui naît de l'union des âmes et des corps.

Aujourd'hui, je porte mon regard sur ce qui transcende le temps.

Celui-là seul mérite la liberté et la vie
Qui doit chaque jour les conquérir.

GOETHE

Avant de crier à l'injustice, je dois être moi-même capable de faire preuve de justice. Avant de maudire le ciel, je dois regarder mes propres actions ou inactions.

Avant d'exiger la liberté, je dois me libérer de mes propres entraves.

Avant de parler de paix, je dois moi-même faire la paix.

Celui qui demande doit être aussi capable de donner.

Aujourd'hui, j'ai conscience du prix de la vie.

Clin d'œil sur les élixirs de jeunesse...
Voici la recette d'un élixir de longue vie trouvée
au hasard de mes lectures. Résultats non garan-
tis, mais cela ne peut pas faire de mal !

« Buvez tous les matins une tasse d'infusion de frêne qui consiste à faire infuser 25 g de feuilles séchées dans un demi-litre d'eau bouillante.
Buvez tous les soirs avant le coucher une tasse d'infusion de fumeterre que vous obtenez en faisant infuser 50 g de sommités fleuries séchées dans un litre d'eau bouillante pendant dix minutes.
Buvez le matin à jeun, à raison de dix jours tous les mois, une tasse de décoction de racine de salsepareille. La décoction s'obtient en faisant bouillir 70 g de racines coupées en petits morceaux dans un litre d'eau pendant cinq minutes et en laissant ensuite infuser quinze minutes avant de filtrer. »

Aujourd'hui, je me fais du bien.

Le temps est certainement inexorable pour le corps. C'est pour cette raison que l'esprit doit être plus fort.

HERVÉ DESBOIS

Le vent qui joue avec les feuilles et les fait virevolter en une danse tourbillonnante et gracieuse est comme un magicien d'un autre monde, un marionnettiste aux doigts agiles et invisibles. Si nous ne voyons que la danse, le vent est pourtant la force qui anime et crée le mouvement, il est le souffle qui donne cette apparence de vie.

Aujourd'hui, je prends conscience que c'est moi qui dirige et contrôle le corps dont j'ai hérité, c'est moi qui donne un sens à ma vie.

Vieillir est encore le seul moyen qu'on ait trouvé de vivre longtemps.

CHARLES-AUGUSTIN SAINTE-BEUVE

Rester jeune, c'est vivre et vieillir en harmonie avec soi-même et en paix avec les autres.

Le problème n'est donc pas de vieillir, mais de bien vieillir. Et qu'est-ce que bien vieillir sinon continuer de vivre la vie qu'on aime ?

Travailler avec plaisir, être capable de passion, d'émerveillement, de sourire et de rire, s'étonner et ne jamais cesser d'apprendre.

Bien vieillir, c'est ça rester jeune.

C'est la gloire des vieilles gens qui pensent toujours avoir été plus sages que ceux qui viennent après eux.

Marguerite d'Angoulême

Aujourd'hui, je garderai cet élan de jeunesse qui me pousse à me relever quand j'échoue, cette détermination qui me conduit toujours plus loin, au-delà de mes limites et des embûches, cette douce folie qui me fait voir les bons côtés de la vie et rend les illusions possibles.

Je garderai ce regard d'enfant qui m'incite à chercher à comprendre et à ne pas cesser de poser des questions, malgré les sourires narquois et les haussements d'épaules.

Je garderai cette étincelle de vie qui me fait voir mes réussites et mes échecs comme autant de jalons sur mon chemin, cette humilité de l'élève devant l'inconnu et la grandeur de l'infini qui nous englobe.

Aujourd'hui, j'ai la certitude que la vie peut s'enrichir à tout âge.

Si je me fais un point d'honneur à tenir mes promesses faites aux autres, je n'en ferai pas moins pour les promesses que je me suis faites à moi-même.

Entre le mal qu'on nous a fait et celui que l'on a fait, lequel est le plus douloureux ?

HERVÉ DESBOIS

Si jeunesse et liberté semblent aller de pair, il n'y a pourtant pas de liberté possible sans une certaine sérénité, la quiétude de l'âme, la paix intérieure.

Quelqu'un a déjà dit que seul le pardon pouvait effacer rancœurs et ressentiments. Si moi je suis capable de pardonner le mal qu'on m'a fait, qu'en est-il de ce que j'ai fait aux autres ? Suis-je en mesure de reconnaître ma responsabilité dans les conflits qui m'opposent à d'autres personnes et qui me rongent le sourire et la bonne humeur ?

Aujourd'hui, je prends conscience que la route qui mène à mon bonheur et ma sérénité croise et partage sans aucun doute celle des autres.

Tout âge porte ses fruits, il faut savoir les cueillir.

RAYMOND RADIGUET

On a beau se morfondre sur ses échecs passés et le temps qui ne reviendra plus, ce qui est passé est irrémédiablement inscrit dans une histoire qui ne se réécrira pas.

Si je vis en pensant à tout ce que j'ai fait ou omis de faire dans ma «tendre jeunesse», en regrettant des temps plus jeunes ou plus fous, je risque de passer à côté de richesses et d'opportunités insoupçonnées.

Comme on regarde l'enfant grandir en s'émer-veillant de chacun des nouveaux pas qu'il fait dans la vie, on peut soi-même s'émerveiller de toutes les possibilités qui s'offrent à qui sait regarder avec des yeux neufs.

Aujourd'hui, je me sens riche de la chance qu'il m'est donné de voir le soleil se lever.

Je n'ai rien contre le temps, mais par moments,
j'ai des envies de tuer le temps.

VINCENT ROCA

Aujourd'hui, je ferai ce que je veux de mon
temps car j'ai envie de sortir de ma routine. À
l'instar de l'enfant qui se lève et voit sa journée
comme un grand terrain de jeu encore vierge, je
veux donner la couleur que je désire à ce nouveau
jour qui commence.

Jeunesse ne vient pas au monde, elle est constamment de ce monde.

PAUL ÉLUARD

La vie est comme une grande procession qui avance inexorablement, à sens unique, et si l'on n'y prend pas garde, on risque de rapidement se retrouver sur la touche à regarder passer le défilé. Les enfants d'hier deviennent les adolescents d'aujourd'hui, et ce ne sera pas long avant que d'autres ne prennent leur place.

L'ordre naturel est établi de telle sorte que toute la création soit toujours en mouvement. Rien n'est immobile, tout bouge et évolue, et pour «rester dans la course», il faut être capable de participer à l'évolution du monde qui nous entoure. Certains diront qu'il faut pouvoir s'adapter aux changements, d'autres qu'il faut toujours être en avance sur son temps. L'idéal est de causer, et non subir. Il nous faut donc créer, sans cesse, dans tous les aspects de notre vie.

Rester jeune c'est imaginer, concevoir, inventer, composer, réaliser…

N'essayez pas de rattraper le temps perdu, il court plus vite que vous.

HERVÉ DESBOIS

Je ne veux pas vivre avec le regret au fond des yeux et le remords dans l'âme.

Aujourd'hui, j'arrête de me dire « qu'un jour je le ferai », j'arrête de penser qu'il me faudra ceci ou qu'il me faudra cela avant de pouvoir…

Aujourd'hui, j'arrête de rêver à ce que j'aimerais être « plus tard », parce que « plus tard » pourrait arriver plus vite que je ne le pense, et risque bien de devenir « trop tard ».

Aujourd'hui, je m'efforce de prendre mon quotidien avec une attitude positive, car un sourire fait
plus de bien qu'une grimace.

On a le temps qu'on se donne.

ANONYME

C'est vrai que la vie va vite, de plus en plus vite. Quelle que soit la saison, les journées semblent toujours de plus en plus courtes et les semaines passent de plus en plus vite. Mais n'oublions pas que cette vie est à l'image de ceux qui la créent, autrement dit : nous.

À notre niveau, nous sommes les bâtisseurs du monde dans lequel nous vivons. Et le temps que l'on a, ou celui qu'il nous reste, est celui que l'on se donne. Aussi cruelle et dure que puisse paraître cette affirmation, elle reflète la plupart du temps la réalité. Si nous disons que nous n'avons pas le temps, il semble que tout s'aligne pour nous donner raison. Ainsi soit-il ! Et si nous disons que nous ferons un certain projet seulement lorsque nous aurons le temps, alors ledit projet risque bien de ne jamais voir le jour.

Avoir le temps est avant tout une question de décision. Et la décision ne vient seulement que si nous avons réellement l'intention. Mettez n'importe quelle sortie à votre agenda et n'en démordez pas. Vous verrez qu'elle a toutes les chances de se produire.

Aujourd'hui, je mets du temps dans ma journée en prenant des décisions fermes.

La vraie liberté, c'est de pouvoir toute chose sur soi.

MONTAIGNE

Qui ne s'est pas fait dire qu'il allait frapper un mur au tournant de la trentaine, la quarantaine, la cinquantaine, et que sais-je encore ? Qui n'a pas attendu ces soi-disant virages avec une certaine inquiétude ou, à tout le moins, une pointe d'appréhension ? Avancer en âge implique nécessairement certains changements, ne serait-ce que physiques, mais rien ne dit que l'on doive absolument vivre les mêmes choses que ceux qui sont passés par là avant nous.

Au-delà du bagage génétique qui modèle et façonne l'apparence de mon corps, je suis la personne qui dirige et prend soin de ma propre vie. Même si l'expérience d'autrui peut m'enrichir, ce qu'il adviendra de moi ne dépend pas de ce que les autres ont vécu avant.

Aujourd'hui, je considère ce que je suis et ce que je deviendrai en assumant mon propre point de vue.

Chaque fois qu'une génération apparaît au balcon de la vie, il semble que la symphonie du monde doive attaquer un tempo nouveau.

GIOVANNI PAPINI

Toute société basée sur le principe de la liberté individuelle permet l'éclosion de nouveaux courants qui amènent un vent de fraîcheur sur tous ses membres. Rien qu'à voir les nouvelles modes vestimentaires, les nouveaux genres musicaux, le nouvelles maisons, l'art en général, tout est sujet à émergences, autres tendances, renouveau...

Et cela n'a rien à voir avec le fait que l'on aime ou pas, mais tout à voir avec le fait d'accepter ou pas le changement, la différence, la nouveauté.

Aujourd'hui, je fais l'effort de regarder l'insolite et l'inhabituel d'un œil bienveillant.

Une minute a beau durer soixante secondes pour tout le monde, c'est ce qu'on en fait et comment on le fait qui détermine si oui ou non elle sera bien remplie.

HERVÉ DESBOIS

Ce que je donne me sera redonné, en simple ou en double, peut-être même au centuple, bon ou mauvais, bien ou mal. Je deviendrai ce que je donne, je ressemblerai à ce que je montre et laisse voir.

Si je vis de colère et de rancœur, de jalousie et d'amertume, je deviendrai colère, rancœur, jalousie et amertume.

Si je vis d'amour et de tolérance, de partage et de compréhension, je deviendrai amour, tolérance, partage et compréhension.

La vie ne fait que nous renvoyer l'image de ce que nous sommes, un jour ou l'autre.

Aujourd'hui, je porte une attention particulière à ce que je dégage autour de moi.

Le matin, c'est la jeunesse, rien qu'à respirer, ça nous rajeunit.

CLAUDETTE BOUCHER

Je n'ai qu'à fermer les yeux pour faire remonter ces souvenirs d'enfance où je laissais la rosée caresser mes jambes nues, ces matins d'été où je me laissais envelopper par le manteau que la nuit avait abandonné au petit jour. J'entends encore la respiration de la terre avant que le soleil et les gens ne s'emparent de la journée, la cacophonie des oiseaux, cigales, criquets et autres bestioles de la création que l'aurore avait réveillés depuis longtemps.

Aujourd'hui, je respire un grand coup dans mes souvenirs d'enfance.

Ne compte pas ton âge au nombre des pas que tu as faits sur cette terre, pas plus qu'au nombre des endroits que tu as visités ou des gens que tu as croisés. Tout ceci est de l'expérience qui vient nourrir et enrichir ta jeunesse, quel que soit ton âge.

*On dit que les nouvelles générations seront diffi-
ciles à gouverner. Je l'espère bien.*

ALAIN

Pourquoi chercher à dompter la vie qui s'ex-
prime ?
Pourquoi chercher à réprimer ces débordements
qui ne sont que de la joie de vivre ?
Pourquoi chercher à étouffer cette profusion de
vitalité quand on pourrait simplement enseigner
la discipline et le respect dès le début ?
À trop vouloir calmer le feu on finit par l'éteindre.
Comme la graine enfouie s'ouvre au printemps et
fait son chemin vers la lumière pour perpétuer le
cycle de la nature, il nous faut encourager l'éclosion de la vie plutôt que l'opprimer, la guider
plutôt que l'endiguer, lui permettre de s'épanouir
plutôt que l'enchaîner.

Aujourd'hui, je reconnais l'immense valeur de la
vie et j'en prends soin.

Ne pas se faire de bien, c'est une manière de se faire du mal.

LISA CARDUCCI

Qu'est-ce que je pourrais bien imaginer aujourd'hui pour me faire du bien ?

Une journée de congé ?

Flâner en ville sans but précis ?

Profiter du soleil sur une terrasse ?

Aller voir un bon film, une pièce de théâtre ?

Inviter des amis à prendre un verre, se faire une «bonne bouffe» ?

Me perdre à la campagne pour aller courir les antiquaires ?

Me plonger dans un bouquin et n'en sortir qu'à la fin ?

Renouer avec d'anciennes connaissances ?

Organiser mes prochaines vacances ?

Imaginer un nouveau projet ?

Aujourd'hui n'appartient qu'à moi.

Je n'ai jamais pensé au fait qu'un jour je pourrais devenir vieux. Je ne fais que m'efforcer de bien vivre un jour à la fois.

HERVÉ DESBOIS

Pourquoi m'en faire pour ce qui n'est pas encore ?

Pourquoi penser à changer parce que je viens d'atteindre un certain âge ?

Pourquoi cesser de jouer, de courir, de porter tel vêtement, de faire telle ou telle activité parce que je viens d'avoir 30, 40 ou 50 ans ?

Je fais ce que j'aime faire, non pas ce que je devrais faire pour plaire ou paraître. Ceux qui me disent que ceci ou cela n'est plus de mon âge ont abandonné l'idée qu'il peut exister une jeunesse éternelle par-delà les apparences. Et tant que le corps est capable de suivre les élans de l'âme, pourquoi se réfréner ?

Aujourd'hui, je vis le présent pour ce qu'il peut m'apporter de richesses et de bonheur, car le temps n'a pas besoin de moi pour compter les jours qui passent.

Sourire, c'est rajeunir de dix ans ; s'attrister, c'est se faire des cheveux blancs.

PROVERBE CHINOIS

Il faut parfois se montrer fort pour surmonter sa mauvaise humeur, certains désagréments du quotidien ou n'importe quelle autre vicissitude de la vie. Mais qui voudrait s'attacher à un bougon ? Qui serait intéressé à écouter les lamentations et grincements de dents d'un grincheux qui s'est levé du mauvais pied ?

En pareilles circonstances, il nous faudra peut-être chercher loin pour trouver de quoi sourire et retrouver notre bonne humeur. Mais l'effort en vaut la peine, car c'est la meilleure chose que nous puissions faire afin de ramener le soleil de la jeunesse dans nos yeux.

Aujourd'hui, je prends le dessus sur les émotions négatives, qu'il s'agisse des miennes ou de celles des autres.

La liberté existe toujours. Il suffit d'en payer le prix.

MONTHERLANT

D'un certain point de vue, la vie est un perpétuel échange entre les individus et éléments qui composent le grand cycle de l'existence. L'image peut faire sourire, mais c'est le principe du courrier : pour en recevoir, il faut en envoyer. C'est aussi le principe de l'argent : pour en gagner, il faut avoir quelque chose à donner en échange.

Même si on peut toujours trouver quelques exceptions ici et là, le grand principe qui régit notre existence est que tout se mérite. Ainsi, le prix à payer ne sera pas le même si vous voulez une marque d'auto plutôt qu'une autre : nous n'obtenons que ce pourquoi nous sommes prêt à payer. Celui qui désire voyager quand bon lui semble et sans aucune contrainte devra certainement sacrifier le rêve d'une maison, voire d'une famille. L'individu qui veut travailler à son propre rythme sans être assujetti à une autorité supérieure devra sans doute oublier le travail de « 9 à 5 ».

Alors, quel est le prix de la liberté ?

Aujourd'hui, je m'interroge sur mes valeurs et mes buts réels.

La valse des saisons m'enivre et m'étourdit
Chaque jour que découvrent mes yeux, qu'il soit
bleu, qu'il soit gris
Est un pas de plus sur le chemin de mon histoire
Sa fin n'est pas écrite, il me reste tant à voir...

HERVÉ DESBOIS

Si vous ne voyez pas le temps passer, c'est peut-être parce que vous ne regardez pas au bon endroit !

*Vieillir ensemble, ce n'est pas ajouter des années
à la vie, mais de la vie aux années.*

JACQUES SALOMÉ

La solitude peut être un choix délibéré, comme
elle peut être le fruit amer d'un rejet individuel
ou de société. Celles et ceux qui ont le bonheur
d'avoir une relation de couple saine et harmonieuse n'ont pas toujours conscience de leur
richesse. Quel plaisir de pouvoir s'aimer, se parler, rire et s'amuser comme des enfants.
Certes, il n'est pas nécessairement facile, ni possible, de partager sa vie avec une autre personne.
Mais si l'amour n'est pas dans notre vie, nous
pouvons toujours nous tourner vers l'amitié pour
embellir et enrichir notre quotidien. Si l'amour
est parfois fugace et infidèle, l'amitié simple et
sincère est un joyau qui ne souffre ni des années
ni de la jalousie.

Aujourd'hui, je prends conscience de tous ces
gens qui m'entourent et illuminent ma vie de leur
présence.

Cette recrue continuelle du genre humain, je veux dire les enfants qui naissent, à mesure qu'ils croissent et qu'ils s'avancent, semblent nous pousser de l'épaule et nous dire : Retirez-vous, c'est maintenant notre tour.

BOSSUET

Être adulte ne signifie pas regarder nos enfants et la jeunesse en général d'un œil sévère ou désapprobateur. La discipline est une bonne chose quand elle a pour seuls objectifs de guider et faire grandir. Si l'adulte a l'avantage de l'expérience, l'enfant a celui de la jeunesse. Si l'un peut profiter des conseils de l'autre, la « folie créative » du jeune peut être une vraie source de jouvence pour le «vieux». Encore faut-il être à l'écoute sans inclination à juger ou critiquer d'office.

Aujourd'hui, j'ai conscience de ma place et de celle des autres dans ce monde.

L'âme naît vieille dans le corps ; c'est pour la rajeunir que celui-ci vieillit.

OSCAR WILDE

Se pourrait-il que notre existence actuelle s'inscrive dans une histoire beaucoup plus vaste dont nous aurions perdu les traces ?

Se pourrait-il que l'inconnu que je croise aujourd'hui soit une vieille connaissance dont je reconnais l'âme au fond du regard ?

Parfois j'ai l'impression d'être d'un autre temps, d'un autre monde. Si je suis ici aujourd'hui, il m'arrive de sentir intuitivement que je viens d'ailleurs. C'est comme la sensation de vivre un rêve que j'ai déjà fait, une impression de déjà vu. L'univers qui nous héberge devrait nous imposer le respect plutôt que l'arrogance. Au fond, il renferme les mystères et les secrets d'un passé dont nous n'imaginons pas la portée et dont, pourtant, nous faisons partie individuellement. Nous sommes les élèves, pas les maîtres.

Aujourd'hui, je suis à même de remettre en question les idées reçues et préconçues, mes propres jugements et certitudes.

*La vie, ce grand manège qui parfois nous étour-
dit au point de ne plus savoir où nous allons !*

HERVÉ DESBOIS

Le problème n'est pas que la vie aille trop vite.
Non, le problème est de laisser filer les jours, les
mois, les années sans jamais chercher à s'arrêter,
ne serait-ce que pour savoir si l'on va dans la
bonne direction.

Aujourd'hui, je décide de ce qui est important
pour mon propre bonheur et celui de ceux que
j'aime.

Rester jeune, c'est garder le sourire même quand il pleut, garder l'espoir même quand d'autres se découragent.

Rester jeune, c'est ne jamais croire que tout est écrit d'avance, c'est croire que l'on peut changer et devenir meilleur.

Rester jeune, c'est croire que le passé n'est pas garant de l'avenir, que l'on peut sortir des ornières creusées par d'autres avant nous.

Rester jeune, c'est imaginer ses propres horizons, c'est ne pas suivre les traces de ses parents si elles ne conduisent pas où l'on veut aller.

Rester jeune, c'est rester en alerte, être à l'affût, vigilant.

Rester jeune, c'est garder l'œil et l'esprit vifs, grand ouverts.

On ne peut s'empêcher de vieillir, mais on peut s'empêcher de devenir vieux.

HENRI MATISSE

La machine qu'on n'entretient pas finit par ternir et se gripper de plus en plus. L'image peut paraître boiteuse mais il n'en reste pas moins qu'il en va de même pour l'esprit humain. Qu'arrive-t-il à notre compréhension, à notre créativité, notre imagination, notre joie de vivre si nous ne nourrissons pas notre esprit d'informations nouvelles et pertinentes, de découvertes, d'art et de beauté ?

Sans prétendre détenir la recette de l'éternelle jeunesse, je crois sincèrement que la meilleure façon de ne pas se laisser dépasser par le temps est de marcher avec lui. Cela peut sembler une évidence, mais questionnez-vous sur ce que vous faites au quotidien pour rester informé de tout ce qui se passe et se fait de nouveau ici et là, quels que soient les domaines.

Aujourd'hui, je me montre intéressé à l'inconnu, à la nouveauté.

La contemplation, c'est suspendre le temps à coups de beauté.

DELPHINE LAMOTTE

Aujourd'hui, je recharge mes batteries en fermant les yeux pour mieux entendre la vie qui est en moi et celle qui bat autour de moi.

Aujourd'hui, je m'autorise un bain de calme en regardant la rivière s'écouler lentement, comme si j'étais moi-même bercé et emporté par la douceur du courant.

Aujourd'hui. je me permets de vivre un instant d'éternité dans la contemplation muette d'une nature belle et généreuse.

Aujourd'hui. je prends le temps d'arrêter le temps.

Clin d'œil sur les élixirs de jeunesse...
Restez jeune grâce au thé blanc !

« Ce sont les Empereurs chinois de la Dynastie Song (960-1279 de notre ère) qui en sont à l'origine. Ils en appréciaient la saveur et le parfum fleuri tout en l'utilisant à des fins thérapeutiques : la boisson magique qui en était extraite permettait de soulager la fatigue, de réjouir l'esprit et de renforcer l'énergie. Et donc d'être en quelque sorte un véritable élixir de jeunesse éternelle.

De nos jours, ce thé connu sous le nom de Yinzhen – ou thé blanc aux aiguilles d'argent – est principalement cultivé en Chine et en particulier dans les montagnes de la province de Fujian. Il ne peut être cueilli que pendant de courtes périodes, au printemps, lorsque ses bourgeons blancs éclosent à peine. Seules les plus jeunes feuilles encore couvertes d'un fin duvet blanc sont sélectionnées. Il faut plus de 80 000 pousses cueillies à la main pour produire environ 500 grammes de ce thé parfumé. Les feuilles sont ensuite flétries et séchées naturellement par les rayons du soleil.

Le thé blanc possède par ailleurs la plus haute concentration de polyphénols, ces derniers étant considérés comme étant l'un des meilleurs antioxydants aujourd'hui disponibles.

Ces puissants phyto-chimiques aident à améliorer les défenses de désintoxication du corps et à supprimer l'impact des radicaux libres. On trouve les poly- phénols dans plusieurs sortes de thé, dont le thé vert. Mais lors du processus de séchage et de chauffage utilisé pour ces autres thés, une vaste quantité de polyphénols se trouve détruite. »

Source : Sophie Tourbier, janvier 2002

Rester jeune. c'est ne pas prendre la vie trop au sérieux parce que, en bout de ligne, ça ne change pas grand chose.

HERVÉ DESBOIS

On le sait tous, les médias nous assomment jour après jour à coups de mauvaises nouvelles, catastrophes et autres cataclysmes. Si l'on ne peut rester insensible ou ignorer tout ce qui se passe dans le monde, se renfermer, s'introvertir ou se culpabiliser ne sert à rien. La meilleure contribution que l'on puisse faire à «l'humanité», c'est de soi-même encourager la paix et l'harmonie dans son propre milieu. Il faut s'efforcer de créer un environnement où il est possible de s'épanouir soi-même tout en aidant les autres à s'épanouir. Et quiconque s'épanouit a toutes les chances d'être heureux et ainsi de rester en bonne santé, physique et mentale.

Aujourd'hui, je m'efforce d'apporter harmonie et bonne humeur autour de moi.

Vieillir, c'est une liberté formidable.

CLAIRE BRETÉCHER

Aujourd'hui, je m'efforce de voir ma vie d'un point de vue positif. Loin d'être une vision défaitiste, accepter le souffle du temps qui passe est au contraire ma façon de jouer le jeu de la vie en toute connaissance de cause.

Aujourd'hui, je comprends que l'existence qu'il m'est donné de vivre comporte ses risques et ses plaisirs. Et s'il m'arrive de pleurer sous le couvert de jours sombres, je veux croire que le ciel finit toujours par se découvrir.

Aujourd'hui, je me donne la liberté de prendre les années avec un sourire de défi amusé.

L'étude du temps est la plus utile de toute, elle nous enseigne le moyen d'en faire un bon usage.

CHEVALIER DE MÉRÉ

On a parfois l'impression de courir dans toutes les directions à la fois, comme des poules sans tête, incapables de reprendre notre souffle ou nos esprits. C'est probablement l'un des meilleurs moyens de laisser passer sa vie sans la voir passer.

La richesse de nos souvenirs dépend de ce que nous faisons et avons fait de notre temps. Est-ce que je peux m'arrêter quelques instants et considérer ce que j'ai fait de ma vie en souriant ? Est-ce que je suis satisfait et fier de mes choix et réalisations ? Suis-je heureux de mon présent et confiant dans mes projets à venir ?

Aujourd'hui, je prends le temps de m'arrêter pour faire le point.

La liberté appartient à ceux qui l'ont conquise.

ANDRÉ MALRAUX

À quoi tient la beauté d'une fleur sinon à la terre dans laquelle elle plonge ses racines et au ciel qui l'abreuve de soleil et de pluie ? La beauté de la vie se trouve dans le regard que nous portons sur le monde, dans toutes ces petites et grandes choses dont nous meublons notre quotidien. Les gens que nous fréquentons, le travail que nous accomplissons, les loisirs que nous nous donnons le temps de faire, toutes ces choses sont autant d'éléments qui contribuent à notre épanouissement personnel.

Aujourd'hui, je m'occupe du jardin de ma vie.

Retraite : Après avoir filé droit, voici le temps venu de tourner en rond.

ANONYME

Si du jour au lendemain je pouvais user de mon temps tout à loisir, qu'en ferais-je ? Serais-je capable de meubler mes journées, continuer d'être utile et trouver du plaisir à la vie ? L'être humain n'est pas fait pour rester oisif, au risque de rapidement dépérir et de sombrer dans l'apathie. Ainsi, l'activité du corps et de l'esprit sont certainement de fort bons remèdes aux maux qui guettent l'individu désœuvré et rongent sournoisement son moral.

Qu'importe l'âge de mon corps ou mon occupation, j'entretiens ma jeunesse en restant actif.

Celui qui ajourne le moment de bien vivre attend comme les paysans que la rivière ait fini de couler.

HORACE

Observez l'enfant qui joue. Qu'il dessine ou observe un nid de fourmis, il est tout entier à ce qu'il fait, totalement absorbé dans sa tâche. Le propre de la jeunesse est de bien vivre le moment présent.

Je veux être comme l'enfant pour qui rien ne compte plus que le temps présent. Je veux profiter de toutes ces heures qui me sont offertes afin d'en extraire l'essentiel et le plus beau.

Aujourd'hui, je m'emploie à bien vivre chaque moment qui passe.

Vieillir reste pour l'instant ce qu'on a trouvé de mieux pour ne pas mourir.

GUY BEDOS

La flamme de la vie dévore inlassablement les secondes qui s'égrènent dans le grand sablier de l'éternité. Ainsi, l'existence peut parfois ressembler à une de ces comètes qui parcourt l'espace et le temps sans jamais trouver de port d'attache, emportant dans sa course des milliards de particules captives.

Sommes-nous prisonnier du temps au point d'être incapable de contrôler un tant soit peu notre propre vie ? Je veux croire que non en profitant de chaque journée qui passe, comme si elle était la première et la dernière, éternel recommencement d'un cycle auquel je désire participer plutôt que subir. Je veux être la comète qui se fraye un chemin à travers l'espace et le temps, un grand voyageur insatiable à la découverte de nouveaux horizons.

Aujourd'hui, je ne vieillis pas; je vis.

Si les assauts du temps cherchent à vous vieillir l'âme et le corps, que faites-vous pour rester jeune ?

Imaginer l'existence sans éternité ? Quel ennui !
Quelle tristesse !

HERVÉ DESBOIS

Régulièrement des astronomes ici et là dans le monde découvrent de nouvelles galaxies, loin, très loin de ce minuscule grain de poussière qu'on appelle la terre. Quand on regarde cette immensité sans bornes, il est difficile de concevoir que notre planète, si belle soit-elle, soit la seule et unique dans son genre. Et quand nous parlons de notre ère, nous en parlons en termes de milliers d'années, alors que la vie de l'univers, elle, se calcule en milliards d'années. Des civilisations ont précédé nos temps modernes et d'autres y succéderont, mais c'est toujours le même jeu de la vie qui se joue ici et là, comme si on ne faisait que redistribuer les cartes d'une histoire sans fin.

Si parfois la science se targue de soulever le voile sur les mystères de la création, nous devons reconnaître que nous sommes embarqués dans un manège dont nous ignorons les origines, et plus encore, la destination. Nous faisons partie d'une grande aventure qui, si elle nous dépasse, nous englobe très certainement.

Aujourd'hui, j'élargis mon point de vue sur la vie, en commençant par la mienne.

Le temps perdu, c'est le temps pendant lequel on est à la merci des autres.

BORIS VIAN

Aujourd'hui, je veux choisir ce qu'il advient de ma vie. Peut-être qu'il me faudra retrouver une certaine énergie que les années ont émoussée, ressentir de nouveau le plaisir d'œuvrer dans mon milieu de travail, ou le frisson de sauter dans le vide en choisissant une nouvelle voie ? Qu'importe ce que cela exige, je veux y mettre le prix afin de rester aux commandes de ma propre existence. Je veux croire que mes possibilités sont bien plus riches et bien plus grandes qu'on me le dit, ou que moi-même je peux imaginer.

Aujourd'hui, je remets de la jeunesse dans ma vie en trouvant une confiance nouvelle en moi-même.

Ô temps ! suspends ton vol ; et vous, heures propices
Suspendez votre cours !

LAMARTINE

Je voudrais que le temps qui passe ne soit pas comme un voile qui assombrit mes jours, que toutes ces secondes qui m'échappent ne viennent pas alourdir le poids du quotidien qui parfois voûte mes épaules.

Je ne voudrais pas perdre mon temps à essayer d'arrêter le temps. Nos existences sont autant de rivières qui s'écoulent, se croisent et se rejoignent dans un seul et même courant.

Je veux profiter de la vague, pas la combattre, jouer avec l'impétuosité des flots, pas être englouti, surfer en ressentant le défi et le plaisir d'être bien en vie.

Aujourd'hui, je ne subis pas le temps qui passe, j'en profite et j'en jouis.

L'absence de buts est probablement la « maladie » qui cause le plus de décès partout dans le monde.

HERVÉ DESBOIS

L'avenir ne peut exister sans buts. Ils sont les jalons qui délimitent le chemin que je trace devant moi. Un but n'a pas besoin d'être gros pour être bon ou acceptable. L'important est d'avoir quelque chose à atteindre. La valeur et l'utilité des buts peuvent évoluer au fur et à mesure, comme on monte un escalier une marche à la fois.

Le rêve et l'illusion, l'espoir et la volonté sont des ingrédients qui se marient fort bien à la recette de la réussite. Et n'ayons crainte des erreurs, ce qui est inutile ou illusoire finira par s'évaporer. L'important est de commencer quelque part; ensuite, on trace sa propre carte selon les réussites et les échecs.

Comme je pense à me nourrir quotidiennement, je fais en sorte que chaque jour m'apporte ma part de rêves.

À pas vouloir vieillir on meurt avant les autres.

RENAUD

Faites que vos pensées ne soient pas continuellement fixées sur la seule préoccupation de ne pas vieillir. À ne regarder que sa propre image on finit par ne plus voir que les défauts qui nous habillent, et on oublie surtout le principal : notre jeunesse intérieure.

Afin que notre visage reflète une impérissable fraîcheur, il nous faut conserver notre beauté intérieure. Et la beauté se nourrit de beauté, pas de regrets. Il nous faudra peut-être tuer nos propres démons avant de pouvoir tourner notre regard vers d'autres miroirs et ainsi trouver notre propre fontaine de jouvence, mais c'est une quête quotidienne qu'il nous faut mener dans la paix et la confiance.

Aujourd'hui, je m'occupe de moi en cultivant ma jeunesse intérieure.

Si on se mettait à composer les journaux avec de seules véracités, ils tomberaient du coup au format de la feuille de papier à cigarette.

ALPHONSE ALLAIS

Cela fait partie du principe de cultiver sa beauté intérieure que de ne pas continuellement se nourrir de mauvaises nouvelles et de faits divers. Il y a une différence entre savoir qu'il y a des guerres et des malheurs, et ne savoir que cela. N'importe qui marchant dans les rues de n'importe quelle grande ville du monde peut être à même de constater l'existence de la détresse humaine. Mais est-ce que ne voir et ne parler que de cela résout d'une façon ou d'une autre le problème ? Si la violence et la détresse sont des réalités inéluctables, elles ne sont pas pour autant généralisées, contrairement à ce que l'on pourrait croire en lisant les journaux.

On ne combat pas le mal par le mal, pas plus qu'on ne combat la laideur par une autre laideur. Iriez-vous défigurer la façade de votre maison parce que votre voisin n'entretient pas la sienne ? Comme la vérité vient toujours à bout du mensonge, la beauté finit par triompher de la laideur. Il s'agit d'y mettre de la patience et de la détermination.

Aujourd'hui, je mets l'accent sur l'esthétique et la beauté. Ma jeunesse intérieure ne s'en portera que mieux.

Quand j'étais jeune, on m'enseignait à être adulte. Aujourd'hui, est-ce qu'on va m'enseigner à être jeune ?

Rien ne vaut la vie qu'on rêve.

DOROTHY ALLISON

Aujourd'hui, je veux vraiment savoir si je suis sur la bonne voie.

Aujourd'hui, je ne crains pas d'ouvrir les yeux sur ce que je fais de ma vie.

Aujourd'hui, je prends le risque de comparer cette vie qui est la mienne à celle dont je rêve.

Aujourd'hui, je veux suivre les vents qui soufflent sur les horizons que mes rêves font naître en toute liberté.

On atteint son rêve en le vivant chaque jour.

HERVÉ DESBOIS

La vie est un mouvement perpétuel, un mouvement qui trouve sa source dans la création sous toutes ses formes. À l'instar de la course des planètes ou de la succession des saisons, rien ici-bas ne reste immobile. Tout est mouvance et changement, et ce que nous voulons garder en vie doit être nourri jour après jour. Une relation entre amis, l'amour entre deux personnes, nos propres possessions matérielles, notre travail… tout doit être nourri à sa façon, sous peine d'extinction à plus ou moins brève échéance.

Ainsi en est-il de nos rêves et de nos idéaux qui ne pourront continuer d'exister, ni même voir le jour, si nous ne leur insufflons pas nous-même la vie.

Aujourd'hui, je prends soin de ce qui est cher à mes yeux.

Si tu veux progresser vers l'infini, explore le fini dans toutes les directions.

GOETHE

On peut sourire en voyant les efforts déployés par l'homme dans sa quête d'exploration et de conquête de l'espace alors que la paix sur terre ne dépasse pas les frontières du rêve et des bonnes intentions. Aussi louable et précieuse soit l'entreprise, il ne faudrait pas oublier l'urgence et la nécessité de mettre de l'ordre sur notre propre planète.

Ceci dit, personne ne doit perdre de vue que le changement d'une société commence par le changement individuel. Comment puis-je espérer le progrès d'autrui si moi-même je ne travaille pas à ma propre amélioration ? J'ai tant de faiblesses à corriger en moi que je n'ai pas de temps à perdre à trouver les défauts des autres.

Aujourd'hui, je tends à perfectionner ce que je suis et ce que je fais.

La vie me semble trop courte pour la passer à entretenir des ressentiments ou ressasser des griefs.

CHARLOTTE BRONTË

Est-ce qu'il me viendrait à l'esprit de parler de pluie alors qu'il fait plein soleil ?

Est-ce que je trouverais du réconfort à repenser au froid de l'hiver quand l'été brille de tous ses feux ?

Est-ce que je trouverais plaisir à me complaire dans la morosité alors que tout pourrait bien aller dans ma vie ?

Si ces questions peuvent paraître absurdes et inutiles, c'est pourtant un peu de cette façon que nous réagissons parfois dans notre vie. Trop occupé à regarder ce qui va de travers, nous ne remarquons pas ce qui pourrait améliorer notre sort. Ou bien nous sommes tellement concentré sur les problèmes, que nous ne voyons plus les solutions.

Le quotidien est riche d'une multitude d'opportunités. Pour en profiter, nous devrons peut-être faire preuve de courage afin de nous détacher des ressentiments et échecs passés.

Aujourd'hui, je m'applique à prendre du recul.

Aimer un être, c'est accepter de vieillir avec lui.

ALBERT CAMUS

Pour garder la jeunesse de l'âme, l'amour doit faire partie de notre vie. Et quel défi que de chercher à garder et faire grandir cet amour ! Comment pourrais-je continuer d'aimer la personne avec qui je partage mon quotidien si je garde du ressentiment envers elle ? Tolérance et pardon sont sans aucun doute des éléments essentiels à la réussite d'une telle aventure.

Que l'on parle d'amour ou d'amitié, le principe est le même. Il faut vraiment s'efforcer de trouver ce qu'il y a de bon chez l'autre plutôt que l'inverse. Et plus on démontre notre appréciation envers les gens qui nous entourent, plus ce qui nous sera renvoyé sera beau. L'amour et l'amitié ont besoin de chaleur pour s'épanouir, et l'âme a besoin d'amour pour rester belle et jeune.

Aujourd'hui, je regarde ce qui est beau chez l'autre.

On commence à vieillir quand on finit d'apprendre.

PROVERBE JAPONAIS

Les enfants devraient nous inciter à ne jamais nous contenter de notre savoir actuel. L'étincelle qui brille dans leurs yeux quand ils apprennent, les questions qu'ils nous posent et qui nous embarrassent, l'émergence de nouvelles idées, de nouvelles tendances, tout cela devrait nous inciter à ne jamais cesser de nous intéresser à ce que nous ne connaissons pas. Au fond, il n'y a pas plus borné que celui qui pense tout savoir !

Le jour où nous considérons qu'apprendre n'est plus de notre âge est le premier jour de notre déclin. Il faut donc toujours chercher à s'intéresser à ce qui se dit, ce qui se fait, découvrir de nouvelles lectures, étendre son vocabulaire, feuilleter des dictionnaires…

Aujourd'hui, je découvre les nombreuses façons d'apprendre.

Partir, c'est mourir un peu, mais mourir, c'est partir beaucoup.

ALPHONSE ALLAIS

En toutes choses et en tout temps, il faut savoir garder le sourire et le goût de rire !

La meilleure façon que j'ai trouvée pour avoir du temps devant moi c'est de ne pas en mettre de côté.

HERVÉ DESBOIS

Si le passé peut m'être utile pour ne pas répéter certaines erreurs, je ne m'y enfonce pas au point de ne plus voir ce qui se passe autour de moi. Même si le poids des remords et des échecs qui jalonnent ma vie ici et là cherche à me tirer en arrière, je dois faire en sorte de passer mes journées à vivre pleinement l'existence qui m'est donnée ; je dois faire en sorte que le feu qui me consume soit un feu de joie, un feu d'artifice en l'honneur des beautés du monde et de la vie. Car la vie peut certainement être belle et excitante si j'emploie mon temps à créer mes propres horizons.

Aujourd'hui, je prends conscience que ma vie se joue au quotidien et que j'en suis le seul et unique responsable.

Rien de plus simple que de vieillir jeune. Il suffit de travailler dans la joie.

COMTE DE CHAMBORD

Quelques ingrédients pour une vie intéressante et bien remplie:

Avoir une activité que l'on aime ou, à défaut, faire en sorte d'aimer ce que l'on fait.
Aimer plus que mépriser.
Apprécier plus que déprécier.
Accepter plus que refuser.
Encourager plutôt que dénigrer.
Comprendre avant de condamner.
Voir le beau avant le laid.
Dire le bien et taire le mal.
S'entourer d'amour et d'amitié.
Et ne jamais abandonner.

Nos désirs sont les pressentiments des possibilités qui sont en nous.

GOETHE

Aujourd'hui, je veux me laisser influencer par les rêves qui dorment au fond de ma mémoire, faire renaître ces projets que j'ai déjà eus sans jamais leur donner vie. Je veux être à l'écoute de ces ambitions que j'ai pu trahir par manque de conviction ou de ténacité.

Aujourd'hui, je veux croire en ces possibilités qui sont miennes et que j'ai pu désavouer au fil des ans ou des échecs, car si je veux être «grand», je dois voir grand.

Il ne faut pas se laisser abattre par la noirceur des orages de la vie.

HERVÉ DESBOIS

Dans cette vie, nos routes sont souvent parsemées de toutes sortes d'embûches. Que ces pièges viennent de nous-même ou de notre environnement, nos vrais amis sont ceux qui restent à nos côtés, peu importe la grisaille de nos jours, et qui savent prodiguer les encouragements quand il le faut. Ils sont là pour nous aider à vaincre notre ennemi intérieur et nous permettent, par leur simple amitié sincère, de reconnaître ces faux amis qui ne font que nous nuire ou, au mieux, nous ralentir dans notre cheminement.

Aujourd'hui, je ne me laisserai pas accabler par les mauvais jours ou les revers de fortune, ni influencer par les discours négatifs ou le scepticisme.

Ceux-là vieillissent plus vite, qui ne veulent pas vieillir.

JEAN FILIATRAULT

Aujourd'hui, je ne chercherai pas à ralentir le temps qui passe, mais je ferai en sorte qu'il ne me file pas entre les doigts.

Le plus grand plaisir dans la vie est de réaliser ce que les autres vous pensent incapables de réaliser.

WALTER BAGEHOT

Avez-vous déjà observé un jeune enfant s'obstiner dans la poursuite d'un but ? Il peut être tout entier à sa tâche, indifférent à ce qu'on peut dire autour de lui. Il peut continuer inlassablement, malgré les embûches et en dépit de sa gaucherie. Qu'il parvienne à ses fins ou non, dans sa tête, rien ne peut l'empêcher de réussir : il est capable. En tant qu'adulte, même si nous vivons en une certaine symbiose avec nos amis, famille et collègues, il faut être capable de tracer notre propre voie et, parfois, aller de l'avant malgré la réprobation de notre entourage. N'écouter que soi, aussi individualiste que cela puisse paraître, est un trait de caractère qu'il importe de travailler puisque nous sommes souvent confronté à des choix difficiles que personne d'autre ne fera à notre place.

Aujourd'hui, je retrouve l'obstination et la ténacité de ma propre jeunesse.

Les cheveux gris sont les archives du passé.

EDGAR POE

Rester jeune ne signifie pas nécessairement faire comme les jeunes. Par exemple, est-ce nécessaire de passer les fins de semaine à faire la tournée des clubs branchés et danser jusqu'au petit matin sur des rythmes endiablés ? Rien ne dit qu'on ne puisse pas le faire, mais faut-il absolument le faire ? À trop vouloir paraître, on finit par ne plus être.

L'âge apporte certainement avec lui son lot de rides et de cheveux gris, mais il apporte aussi une immense richesse : l'expérience. Et qui sait utiliser les «archives de son passé» dans une optique d'apprentissage et d'ouverture ne vieillira jamais.

Aujourd'hui, je ne cherche pas à taire ou à cacher l'expérience qui s'écrit sur mon visage ou dans mes yeux.

Ce n'est pas de mourir qu'il faut craindre, mais de vieillir.

ANDRÉ LANGEVIN

Aujourd'hui, je me laisse envahir par la chaleur de la vie. Je veux sentir en moi cette vague de jeunesse qui me pousse à sortir des sentiers battus, cette renaissance qui semble venir de nulle part et qui me porte comme une rivière joyeuse. Je veux vivre cette mouvance qui peut s'animer à tout âge de la vie et nous montrer l'existence sous un nouveau jour.

Et qu'importe si tout cela est éphémère, l'important est de vivre intensément.

Le corps est un parasite de l'âme.

JEAN COCTEAU

Plus nous avançons en âge et plus notre corps risque de devenir une source d'attention et de tracas. De l'adolescente qui se trouve trop grosse pour entrer dans les clichés de la mode minimaliste, à la quadragénaire qui ne voit plus dans son miroir que rides et cheveux blancs de plus en plus envahissants, en passant par le jeune retraité dont les formes incertaines et la forme défaillante sont d'inéluctables dommages d'un destin écrit d'avance, le quotidien peut devenir un vrai chemin de croix pour bon nombre d'entre nous. Jusqu'à quel point pouvons-nous ralentir les aiguilles du temps ? Et pendant que nous luttons contre les assauts de cet ennemi implacable et sournois, notre vie passe et s'écoule en traversant des paysages dont nous ne voyons même plus la beauté.

La vie est un privilège dont nous devons nous servir pour grandir, individuellement et collectivement, une chance qui nous est donnée pour atteindre une plus grande liberté spirituelle, un nouvel enrichissement de l'âme. Tout le reste n'est que matière éphémère et n'existe que pour assister et soutenir la véritable Vie, celle qui échappe aux pièges du temps, sinon cette matière, aussi belle soit-elle, devient une entrave.

Aujourd'hui, je comprends qu'avoir un corps en santé doit être un moyen, non un but.

Sa vie, on ne la refait pas, on la poursuit.

FRANÇOISE CHANDERNAGOR

Il nous arrive tous, à un moment ou un autre, de repenser aux revers de notre vie, à nos insuccès de toutes sortes. Jours de cafard ou remises en question ? Est-ce un examen de conscience ou une «flagellation intellectuelle» ? Est-ce que je me morfonds sur mon passé, m'efforçant de trouver mille et une raisons pour expliquer mes échecs et justifier mes choix ? S'il est louable de tenter de réparer les pots cassés, parfois nos tentatives de réécrire le passé sont carrément futiles et illusoires.

Aujourd'hui, j'admets que les erreurs font partie de la vie et qu'elles peuvent être les semences des réussites futures.

Aujourd'hui, je porte mon passé comme un bagage dans lequel je peux cueillir tout à loisir les fruits de l'expérience.

Aujourd'hui, je m'interroge sur ma façon d'aborder l'avenir.

On commence à vieillir le jour où, pour la première fois, on se sent envahi par un sentiment d'impuissance qui neutralise toute idée de défi.

FRANÇOIS GARAGNON

Comme disait le cinéaste Étienne Chatiliez, la vie n'est pas un long fleuve tranquille. Ainsi, malgré tous nos efforts et notre bonne volonté, pour une raison ou une autre, il arrive que nos plus beaux projets s'évanouissent du jour au lendemain. Notre vie semble alors s'effondrer comme un fragile château de cartes. De notre façon de réagir dépendra pourtant notre « jeunesse » future, car si nous restons prostré et amer en songeant à la défaite, notre joie de vivre et de créer finira par s'évaporer en même temps que nos soupirs. Pourtant, aussi cuisante soit-elle, la défaite doit être vue comme une étape, non comme une fin.

Une fois la gifle de la désillusion « digérée », il nous faut apprendre à utiliser la déception pour repartir de plus belle vers de nouveaux projets, inventer de nouveaux rêves, imaginer d'autres buts.

Aujourd'hui, j'apprends à dessiner de nouveaux horizons dans le ciel de ma vie.

La vie est courte mais très large.

JIM HARRISON

Il ne faut jamais rien tenir pour acquis. Les gens, les relations, ainsi que toutes choses qui nous entourent, ont besoin de soins et d'attentions pour continuer d'exister. Comme la plante qu'on n'arrose pas finit par flétrir, la relation qu'on omet de nourrir finira par dépérir, et les rêves qu'on met de côté « en attendant » ne seront un jour plus que de vagues souvenirs sans formes.

Aujourd'hui, je considère ma vie comme un grand jardin dans lequel je prends soin de toutes ces plantes et toutes ces fleurs que j'ai moi-même semées.

J'ai le cœur qui bat à contretemps
J'ai le sang qui va à contre-courant
Même si tu me disais
Que ça ne se fait pas
Je partirais sans aucun regret.
Hervé Desbois (Extrait de « Sans regrets »)

Aujourd'hui, je suis fidèle à mes décisions.

Tu peux, à l'heure que tu veux, te retirer en toi-même.

Nulle retraite n'est plus tranquille ni moins troublée pour l'homme que celle qu'il trouve en son âme.

Marc-Aurèle

Il faut savoir se réserver des moments de grand silence, des moments hors du monde, des moments de réflexion qui nous permettent d'arrêter le temps : quelques secondes pour goûter au calme d'une solitude éphémère, savourer la tiédeur d'un rayon de soleil matinal, se laisser bercer par une brise porteuse du chant de la terre. Il faut savoir trouver le temps qui manque pour plonger en soi, retrouver la vraie valeur de ce que nous sommes, puiser à la source de l'énergie divine présente en chacun de nous.

Il faut savoir apprécier les bons moments de notre vie, qu'ils existent dans le présent ou le passé, utiliser la force de nos succès pour paver le chemin de notre avenir.

Aujourd'hui, je m'enracine au plus profond de moi, là où réside ce que je suis vraiment.

Être adulte, c'est avoir pardonné à ses parents.

GOETHE

Il est des blessures physiques qui, si elles ne sont pas soignées, finissent par s'infecter au point de devenir douloureuses, voire dangereuses. Il en est de même de ces blessures de l'âme qui minent notre moral et rongent notre joie de vivre et notre jeunesse. Si je m'applique à panser les plaies de mon corps afin qu'elles guérissent, l'être spirituel requiert une attention tout aussi grande, sinon plus. Le corps et ses blessures finissent par s'évanouir dans la nuit de l'infini, mais l'âme garde en elle ces meurtrissures qu'on laisse sans soins en ne cicatrisant jamais.

Aussi pénible que cela puisse être, il nous faut avoir le courage de crever les « abcès spirituels » qui font mal au point de ruiner notre vie, et nettoyer les plaies jusqu'à ce que la cicatrice du pardon apaise l'âme.

Aujourd'hui, je trouve les moyens de faire la paix.

*Le corps dont nous avons hérité a ses limites et
ses capacités avec lesquelles nous devons composer. Cependant, qui fixe les limites de l'esprit,
sinon nous-même ?*

HERVÉ DESBOIS

Peu importe le nom que nous donnons à l'être
spirituel qui réside dans le corps, le jour où nous
comprenons que l'âme est le berceau de toute
jeunesse et le siège de toute puissance, l'optique
que nous avons de notre existence commence à
changer. Et peut-être pour la première fois nous
envisageons les notions d'infini et d'éternité d'un
autre œil.

Toutes créations et toutes beautés trouvent leur
origine dans cette inépuisable source que, trop
souvent, nous obstruons par notre propre négli-
gence. La pensée créatrice se ferme et se tarit
seulement quand nous la déprécions. Si nous
sommes à coup sûr les artisans des beautés qui
entourent et meublent notre vie, nous sommes
aussi nos propres bourreaux.

Aujourd'hui, je considère les limites que je
m'impose afin de mieux les faire disparaître.

L'impulsion du voyage est l'un des plus encourageants symptômes de la vie.

AGNÈS REPPLIER

S'il nous faut savoir trouver des moments de repos où plonger notre âme fatiguée, nous ne devons jamais perdre de vue que l'action est un remède universel qui guérit bien des maux.

L'agonie de la jeunesse commence par l'inaction. La vie est mouvement.

Qu'il nous emporte au-delà des frontières de notre pays ou sur de nouveaux chemins de vie, à la découverte d'autres cultures ou vers de nouveaux horizons professionnels, le voyage nous fait sortir de notre quotidien. C'est une des portes qui ouvre l'esprit à d'autres réalités, aux possibilités d'une vie nouvelle et enrichie.

Aujourd'hui, je réalise tout le potentiel de jeunesse qui vit en moi.

Je ne me suis jamais demandé quand est-ce que je vais mourir. Je me suis juste demandé ce que je peux faire tant que je suis encore en vie.

GEORGE W. CARVER

Craindre le futur pour ce qu'il peut avoir d'inconnu et d'incontrôlable, c'est un peu comme penser à la fin de ses vacances alors qu'on est encore en vacances : on ne vit pas le moment présent; pire, on imagine l'avenir, aussi proche soit-il, d'un point de vue négatif.

Le jour où nous ouvrons les yeux pour la première fois sur le monde qui nous accueille, notre histoire commence à s'imprimer dans le livre de notre vie. L'encre du temps noircit les pages au fur et à mesure que nous écrivons notre récit. Pour combien de temps, et combien de pages ? Tant que nous aurons une histoire à y écrire.

Chaque nouveau jour est une nouvelle page.

Il existe un âge où tout est possible, un âge où même la nuit n'est pas assez noire pour éteindre le soleil qui brûle en nous, un âge où l'hiver lui-même n'est pas assez froid pour étouffer le feu qui brûle en nous. Et cet âge c'est aujourd'hui.

Être jeune c'est être spontané, rester proche des sources de la vie, pouvoir se dresser et secouer les chaînes d'une civilisation périmée, oser ce que d'autres n'ont pas eu le courage d'entreprendre; en somme, se replonger dans l'élémentaire.

THOMAS MANN

Le quotidien peut vite devenir un piège dans lequel s'engluent les plus belles promesses, une prison où se meurt la liberté de penser, de créer.

Le quotidien peut devenir l'invisible lien qui me retient sans même que je le sache, l'entrave qui m'empêche d'agir selon mes buts et mes idéaux.

Le quotidien peut devenir l'insidieuse adversité qui me fera «déposer les armes» et abandonner la voie que je m'étais tracée.

La vie est faite de telle façon qu'il y aura toujours quelqu'un ou quelque chose pour freiner la course de mon enthousiasme.

Même si c'est difficile, aujourd'hui, je veux faire l'effort d'aller jusqu'au bout de mes convictions, de mes projets, de mes décisions.

Chaque minute de cafard vous prive de soixante secondes de bonheur.

BLAS DE OTERO

Que me faut-il pour retrouver le sourire ? Aller parler à une personne de confiance capable de m'écouter vraiment ? Aller me promener pour me changer les idées ? Décider de faire une activité non prévue à mon programme ? M'évader dans la nature pour quelques heures ou une journée ? Aller manger au restaurant plutôt que rester chez moi ? Me plonger dans un livre ou un magazine ? Écouter ma musique préférée ?
Plutôt que me laisser engloutir par le cafard quand il cherche à me gagner, je trouve ma façon de le faire évaporer, qu'importe si cela se fait petit à petit ou radicalement.

Aujourd'hui, je décide de prendre le contrôle de mon humeur et de mes sentiments.

L'apocalypse, si apocalypse il y a, ne viendra pas du soleil ou des astres, mais de la terre elle-même.

HERVÉ DESBOIS

Aujourd'hui, je veux être un artisan de paix, une semence d'amour dans la terre de l'humanité. Je veux pouvoir donner l'exemple et être au diapason de toutes les bonnes volontés qui travaillent activement à la paix partout dans le monde. Si une seule goutte d'eau n'est rien sur la terre desséchée, des milliards de gouttes peuvent devenir un fleuve et ainsi enrichir les terres et les prairies qu'elles baignent.

Je travaille à être heureux : c'est le plus beau des métiers.

Roland de Lassus

Je peux voir les problèmes qui surgissent dans ma journée comme autant d'embûches auxquelles je m'applique à trouver des solutions et qui ne m'empêcheront pas d'aller de l'avant.

Je peux percevoir les événements qui font la une des journaux comme autant de circonstances qui font partie de la vie et qui ne m'empêcheront pas d'avancer.

Je peux imaginer ma journée comme une belle feuille blanche sur laquelle je vais dessiner mes propres couleurs : celles du bonheur, de la confiance et de la fraîcheur.

Aujourd'hui, rien ne m'empêche de travailler dans la bonne humeur.

J'ai vu dans tes yeux l'étincelle de l'audace, la flamme qui brûle et consume toute réserve. J'ai vu des torrents de vitalité où se noient le découragement et l'ennui.

J'ai vu les murs de l'impossible devenir un brouillard vite avalé par ton soleil.

Un seul regard de toi a suffi pour propager ton enthousiasme et ta détermination, un seul regard a suffi pour me contaminer.

Tu m'as inoculé la plus belle des « maladies » : la jeunesse.

La vie est une chose trop importante pour être prise au sérieux.

G.-K CHESTERTON

Les revers de la vie, quels qu'ils soient, n'ont certainement rien de drôle, et il est plutôt inhabituel de voir une personne afficher son plus beau sourire face à l'adversité. Mais faut-il absolument se complaire dans la mauvaise humeur, le ressentiment ou le regret ? Ou, au contraire, est-il possible de digérer la déception, le chagrin ou quelque autre émotion négative sans pour autant sombrer dans la déprime ?

Est-ce que la piqûre que l'on reçoit fera moins mal si on fait la grimace ?

Est-ce qu'une déception sera moins amère si on l'accueille dans les larmes ?

Est-ce que l'échec d'un projet sera plus supportable si on le vit avec colère ?

Aujourd'hui, je m'efforce de prendre la vie avec philosophie.

Soyez votre propre flambeau.

BOUDDHA

Un groupe, qu'il s'agisse d'une famille, d'un club, d'une ville ou d'une nation, est composé d'individus, et l'âme d'un groupe n'est rien d'autre que la communion de toutes les âmes du groupe. Ainsi, la pire des attitudes est peut-être de tout attendre des autres.

Que ce soit par manque de confiance, par paresse ou par crainte, il peut nous arriver de fuir les décisions et de remettre notre sort entre les mains d'un leader, d'un gouvernement ou d'une quelconque destinée aveugle. Si l'enfant a besoin de ses parents afin de pourvoir à ses besoins élémentaires et à son éducation, il n'a besoin de personne pour rêver.

Aujourd'hui, je suis pleinement conscient que mon bonheur et mon épanouissement ne dépendent que de moi, et il n'appartient qu'à moi de faire du rêve que je caresse une réalité dans ma vie.

Dans l'Art, la Vie seule intéresse.

ALPHONSE ALLAIS

Rester ouvert à la création et aux arts de toutes sortes fait aussi partie de la recette pour rester jeune. Même si on ne peut tout aimer, on peut se montrer intéressé à ce qui se fait chez nous et ailleurs dans le monde, attentif aux nouveaux courants dans les arts traditionnels comme dans les arts nouveaux. Si l'on peut blâmer ceux qui font des graffitis n'importe où dans les villes occidentales, force est de reconnaître qu'au-delà du geste, parfois répréhensible, certains de ces graffitis sont de véritables œuvres d'art, tant par les couleurs que par l'originalité des formes dessinées. On pourrait également se montrer très critique face à la danse moderne, la peinture abstraite, certains courants musicaux ou le nouveau cinéma. Pourtant, on serait peut-être surpris d'y découvrir quelque chose qui accroche notre intérêt, mais seulement dans la mesure où l'on se donne la peine de regarder et d'écouter.

L'art c'est la création pure, et la création c'est la vie.

Aujourd'hui, je cherche à intégrer de plus en plus d'art dans mon quotidien, ne serait-ce que pour me nourrir de la vie que l'art contient.

Imaginer la vie éternelle dans le même corps, ça me gêne !

HERVÉ DESBOIS

Si la vie éternelle est une réalité, elle ne peut exister que dans une autre optique que celle de conserver le même corps *ad vitam æternam*. On ne pourrait imaginer s'acheter des vêtements, une auto, ou n'importe quel bien matériel en se disant qu'ils feront l'affaire jusqu'à la fin des temps. Tout s'use, y compris les corps. Certes on peut en retarder le vieillissement de bien des façons, mais il faudra bien un jour ou l'autre remettre l'enveloppe à son créateur. Que l'on « reprenne du service » sous une forme ou une autre ici ou ailleurs dépend des croyances et convictions propres à chacun.

Si je reconnais la fragilité de la vie, j'en reconnais aussi la grandeur dans tout ce qu'elle a de spirituel.

On aimerait vivre sans vieillir et, en fait, on vieillit sans vivre.

E. MITSCHERLICH

Aujourd'hui, je fais l'effort de ne pas m'inquiéter pour l'avenir afin de vivre pleinement la journée qui s'offre à moi. Je veux profiter des richesses qui passent à ma portée, être sensible aux messages de la nature. Je veux être attentif à ceux qui m'entourent, ce qu'ils disent et ce qu'ils taisent, ce qu'ils vivent, leurs joies ou leurs détresses.

Aujourd'hui, j'accepte que le temps inscrive son passage sur mon visage et dans mes yeux ; il me permet ainsi d'en retenir toute la vie qu'il renferme.

Tour à tour inquiètes et sereines
Les années s'écoulent sans bruit
Laissant comme un manteau de laine
Sur tous les hivers de nos vies.

YVES DUTEIL

Aujourd'hui, je veux accueillir les années qui passent avec sourire et sérénité, comme une richesse plutôt qu'un poids. Je peux faire en sorte que le manteau des années protège sans l'étouffer la jeunesse qui vit éternellement en moi.

N'avoir qu'un but en vue est l'une des causes essentielles de succès dans la vie, quel que puisse être le but poursuivi.

JOHN ROCKEFELLER

Le succès ne se mesure pas uniquement en termes d'argent ou de réussite sociale. L'enfant qui réussit à l'école, tout comme l'alcoolique qui se libère de sa dépendance, sont l'un et l'autre des individus qui ont persévéré jusqu'à l'atteinte de leur objectif.

Les buts que l'on se fixe sont l'essence du dépassement de soi, ils sont ce qui nous garde actif et enthousiaste, passionné et bien vivant. Ils sont l'apanage de la jeunesse éternelle et le moteur de la vie

Aujourd'hui, est une belle journée pour dépoussiérer mes buts abandonnés. Je veux leur insuffler une nouvelle vie et me redonner vie à moi-même.

Suis le chemin et ne t'y couche que pour mourir.

COLETTE

La route de votre existence est certainement parsemée d'embûches toutes aussi inattendues les unes que les autres, et la façon dont vous les avez traitées dans le passé vous a conduit où vous en êtes aujourd'hui. Comment allez-vous réagir face aux nouveaux défis qui surgiront devant vous ? Une chose est sûre : vous êtes la personne la mieux placée pour décider de votre propre voie.

Trouvez au plus profond de vous-même la flamme qui vous éclairera tout au long de votre chemin.

Trouvez au plus profond de vous-même la petite voix qui vous guidera tout au long de votre vie.

Vivre à même l'éternité c'est vivre au jour le jour.

EMIL CIORAN

Ma vie ressemble à un livre dont les chapitres s'écrivent un jour à la fois. L'encre du passé sèche à mesure que s'écrit mon histoire, et je n'ouvre les précédents chapitres que pour mieux me guider dans le présent. Je ne sais rien de la fin, et c'est beaucoup mieux ainsi, car je veux avoir toute liberté de créer ce que sera demain.

Un jour à la fois, c'est moi qui bâtis ma vie.

L'illusion est au cœur ce que l'oxygène est à l'appareil respiratoire.

MAURICE DES OMBIAUX

Comme on se soucie de son bien-être physique en se logeant convenablement, en se nourrissant adéquatement, en faisant ce qu'il faut pour éviter le plus possible les accidents, etc., on devrait s'occuper tout autant, sinon plus, de son bien-être mental et spirituel. Si le corps a besoin de calories pour opérer, l'âme a besoin d'une essence immatérielle pour être bien. Afin de rester jeune, il faut savoir vivre et s'entourer d'amour et de beauté, de compassion et d'amitié, de rires et de partage, de rêves et d'illusions.

Aujourd'hui, je m'occupe autant de l'âme que du corps.

Choisissez un travail que vous aimez et vous n'aurez pas à travailler un seul jour de votre vie.

CONFUCIUS

Les relations de travail ne sont certainement plus aussi simples qu'elles l'étaient, et nous pouvons avoir parfois l'impression de n'être que des pions que l'on déplace ici et là, des marionnettes anonymes manipulées sans égard à nos désirs. Dans de telles conditions, nos rêves et ambitions prennent rapidement le second plan pour être supplantés par les désaccords, conflits et disputes sans fin. Mais que deviennent nos espoirs ?

La vie est remplie de déchirements et de choix difficiles, pourtant il faut y faire face si l'on veut apporter des changements désirables dans notre existence. Il est possible, et même souhaitable, de considérer ses responsabilités comme un devoir à accomplir, non pas avec lourdeur et obligation, mais avec honneur et fierté. Encore faut-il être au bon endroit.

L'individu qui a du plaisir à accomplir ses tâches quotidiennes et qui voit dans ses réalisations une fierté digne de ses efforts,vit dans un monde de satisfaction et de légèreté.

Aujourd'hui, je mets une étincelle de bonheur dans chacune de mes actions.

Je suis rempli de joie lorsque le jour se lève doucement par-dessus le toit du ciel.

ANONYME

Je veux voir la vie comme une succession de saisons, chacune porteuse de ses propres richesses et beautés. Je veux voir l'été qui s'achève comme une histoire d'amour qui m'a donné les plus beaux moments de chaleur et de passion, des moments de rire et de tendresse qui donneront quelques sourires à mes souvenirs l'hiver venu. Et l'automne, qui bientôt viendra balayer le seuil de mon logis, apportera sous son manteau les trésors de la terre. Même la mélancolie du manège des feuilles rougissantes dans le vent sera porteuse du message d'une renaissance annoncée.

J'accueille chaque jour avec la joie d'en faire un jour unique et merveilleux.

Sous le ciel, il n'y a rien qui soit stable, rien qui ne dure à jamais.

BOUDDHA

Pourquoi m'en faire avec les jours qui passent ? Pourquoi ne pas simplement les vivre avec ce qu'ils représentent de défis et de nouveautés ? Les parents le savent bien, tout âge a ses beautés que le temps nous laisse à son passage, et l'enfant qui grandit sous leurs yeux est un miracle de la vie dont il faut savourer chaque seconde.

Le voyageur qui ne veut pas trébucher regarde le chemin qui est devant lui, pas celui qu'il vient de parcourir. Les plus belles images de son voyage résident maintenant dans sa mémoire, et il pourra les regarder s'il le désire quand viendra le moment de se reposer.

Aujourd'hui, je suis un voyageur en quête des beautés de chacune des saisons de la vie.

Chaque homme dans sa nuit s'en va vers sa lumière.

VICTOR HUGO

Aujourd'hui, je veux regarder la vie comme on regarde un lever de lune sur fond d'infini à l'encre noire, conscient que la nuit est éphémère et que je fais moi-même partie du mouvement de l'univers qui nous conduit des ténèbres à la lumière. Si la nuit peut parfois être totale et sans étoiles, c'est à moi de trouver ma propre lumière afin de me guider jusqu'au matin d'une nouvelle vie.

Aujourd'hui, je suis le guide et le pèlerin.

Comment faire pour rester jeune, être bien, trouver le bonheur, la réussite, faire ce qu'on aime ? La vie ne fonctionne pas selon une recette absolue qui se répète jour après jour. C'est à nous d'en doser les ingrédients selon les circonstances.

Clin d'œil sur les élixirs de jeunesse...
Restez jeune grâce au « Kombucha » !

« Concocté par le moine coréen Kombu en 211 avant J.-C., le « Kombucha » est un produit naturel, libre d'additifs chimiques et de conservateurs. À l'époque de son invention, les Chinois voyaient dans ce breuvage un élixir de jeunesse. Mélange étudié d'herbes et de saccharose porté à fermentation avec une culture spéciale de levures et de lactobacilles, il contient des enzymes favorisant le travail de digestion et l'activité intestinale. Il est recommandé d'en boire un ou deux verres par jour pour en mesurer les effets. Au goût, c'est à la fois proche du cocktail de fruits pétillant et du thé aux herbes, voire même du cidre artisanal. »

Source : Isabelle Willot

Le temps passe si vite quoi que l'on fasse. Le temps passe bien ou mal, cela dépend de ce que l'on en fait, mais il passe.

Le monde m'est nouveau à mon réveil, chaque matin.

COLETTE

Comment puis-je changer la routine quotidienne, que j'ai moi-même installée, afin qu'elle soit à mon service et non l'inverse ?
Comment faire pour aller travailler comme chaque jour en me disant que cette journée est différente de toutes les autres ?
Comment puis-je envisager la journée qui s'offre à moi comme un territoire vierge où je suis libre de créer ce que je veux ?

Qu'importe le temps qu'il fait aujourd'hui, je veux avoir du soleil dans les yeux à mon réveil.

La fin de l'espoir est le commencement de la mort.

CHARLES DE GAULLE

Aujourd'hui, je veux avoir la force et l'humilité de ravaler mes larmes et ma déception.

Je veux être plus grand que les obstacles, plus fort que les contradictions.

Je veux être plus énergique que les intempéries, plus coriace que les contrariétés.

Je veux trouver le courage d'aller de l'avant, quels que soient les chaos de la route.

Aujourd'hui, je veux.

Je m'intéresse à l'avenir parce que c'est là que je vais passer le reste de ma vie.

CHARLES F. KETTERING

Il faut avoir de l'audace et du culot pour envisager l'avenir avec confiance et détermination. À l'instar du peintre qui fait naître la vie d'une toile blanche, je veux faire mes lendemains à l'image de ce que je suis et de ce que je désire au plus profond de mes rêves.

Si ma jeunesse est du passé, elle est aussi dans le présent et l'avenir.

Le présent est imparfait lorsqu'il se conjugue avec le passé plutôt que le futur.

HERVÉ DESBOIS

Nous vivons tous nos moments de déprime, de remises en question, nos moments d'incertitude et autres «crises existentielles». Aussi pénibles et inconfortables soient-elles, nous pouvons considérer ces phases instables et délicates comme autant de possibilités de repartir à neuf. N'est-il pas temps d'envisager de nouveaux projets, un nouveau travail, mettre un terme à certaines activités, s'interroger sur certaines relations ?

Aujourd'hui, je considère les difficultés de la vie comme des tremplins vers de nouveaux horizons.

Vieillir, si l'on sait, ce n'est pas tout ce qu'on croit. Ce n'est pas du tout diminuer, mais grandir.

MARCEL JOUHANDEAU

Je veux envisager ma vie comme je l'entends, ne pas me laisser imposer ma façon d'être et de grandir. Ce que vivent les gens qui m'entourent leur appartient, et personne n'est tenu de suivre le même modèle. Chacun des êtres de cette planète est différent et possède ses propres limites, richesses et capacités. S'il me faut accepter le fait de vieillir comme une réalité inhérente à la vie, c'est à moi de choisir ma façon d'avancer et d'accumuler les années. Si je cherche bien au fond de moi, je saurai trouver l'énergie dont j'ai besoin pour que mes yeux irradient une jeunesse éternelle.

Aujourd'hui, j'ai la possibilité de considérer le temps qui passe de façon positive.

Il y a la vie qu'on rêve et la vie qu'on vit, c'est la première qui est la vraie.

PATRICK CAUVIN

Aujourd'hui, je m'efforce de mettre du rêve dans ma vie.

Les gens qui ne rient jamais ne sont pas des gens sérieux.

ALPHONSE ALLAIS

Au-delà des soucis quotidiens, frustrations et autres problèmes qui surgissent à l'improviste, chaque jour apporte sa dose de rire et de bonne humeur à qui est ouvert au rire et à la bonne humeur. Le secret est de ne pas chercher à compliquer la vie plus qu'elle ne l'est en réalité et de toujours s'efforcer de voir le bon côté des choses et des gens.

Si j'ouvre grand les yeux et les oreilles, je trouverai bien des occasions d'afficher mon sourire et d'inscrire la bonne humeur à mon programme de la journée.

Je veux faire de chaque jour une fête.

Vivre, c'est vieillir, c'est-à-dire changer.

MALEK HADDAD

C'est peut-être un cliché de dire que dans la vie il y a d'un côté les «gagnants», et de l'autre les « perdants », mais c'est un concept qui s'applique dans tellement de sphères qu'il devient un incontournable dans la pensée positive. Persévérer ou abandonner ? Créer ou subir ? Foncer ou s'arrêter ? Rire ou pleurer ? S'apitoyer sur son sort ou tourner la page et se prendre en main ?

On peut effectivement comparer la vie à un rouleau compresseur qui, lentement mais sûrement, nous talonne et menace de nous écraser à tout moment. Mais faut-il voir cela comme une fatalité ou comme un défi ? Le concept de vieillir ou rester jeune dépend de notre façon de répondre à cette dernière question.

Aujourd'hui, je ne subis pas le changement, je le crée.

*Il faut avoir subi les rigueurs de la vie pour en
savourer les joies simples.*

ALAIN MONNIER

Ce qu'il y a de bien et d'agréable dans les
« temps modernes », c'est que, dans l'ensemble,
il est devenu plus facile de vivre.

Ce qu'il y a de moins bien et de dommageable
dans les « temps modernes », c'est que d'un certain point de vue, il est devenu trop facile de vivre.
Il est vrai que l'arbre pousse bien droit à l'abri du
vent. Mais qu'arrivera-t-il lorsqu'il essuiera sa
première tempête ? Ne sera-t-il pas devenu fragile au point de casser au premier coup de vent ?
Nous voulons tout donner à nos enfants, leur
éviter le plus possible les déceptions, les chagrins, les accidents et autres traumatismes de
l'existence. Si le cocon est un bel endroit pour
s'épanouir, un jour il faut bien que le papillon
s'envole. Et la vie n'est pas un cocon.

Ceux qui, aujourd'hui, ont une vie riche et active
et la jeunesse au fond des yeux, ont certainement
connu toutes sortes de tempêtes dans leur existence. S'ils ont parfois plié devant les éléments,
ils sont restés debout, car ils croyaient au retour
des beaux jours et, surtout, ils croyaient en eux.

Aujourd'hui, je fais face.

Avant la guerre, il y a eu la paix. Qu'est-ce qui a changé ?

HERVÉ DESBOIS

Et si je décidais de mettre fin à ces conflits qui assombrissent mon quotidien ? Quand je regarde la relative fragilité de la vie, toutes ces disputes ne sont-elles pas que des futilités auxquelles il serait facile de mettre un terme ? Dois-je attendre qu'une catastrophe arrive ici ou là dans le monde pour réaliser combien il est important de vivre en paix ? Comment puis-je critiquer les peuples qui entretiennent la guerre si moi-même je ne suis pas capable d'apporter la paix dans ma propre vie ?

C'est peut-être l'une des plus grandes faiblesses de l'Homme que de ne pouvoir admettre simplement ses torts. Pourtant, il n'y a pas de plus grande force que de marcher sur son orgueil pour faire le premier pas. Nul n'est fort qui ne peut dire qu'il n'a jamais eu tort.

Aujourd'hui, je ramène la paix en moi et autour de moi.

Qui veut voyager loin ménage sa monture.

JEAN RACINE

Faut-il prendre cette maxime pour une recommandation de prudence extrême ? Faut-il être méfiant au point de ne plus oser rien faire de crainte que… ? Ménager signifie prendre soin, pas arrêter. Bien fou serait celui qui conduirait son automobile sans jamais la faire inspecter et entretenir. Bien présomptueux serait celui qui dirait pouvoir travailler sans jamais s'arrêter ni se reposer. L'athlète qui veut battre les records de vitesse ou d'endurance s'entraîne et se prépare. L'alpiniste qui s'en va à la conquête de l'Everest s'organise soigneusement avant même de faire le premier pas.

Mon but n'est peut-être pas de partir à l'assaut du toit du monde ou de courir le marathon, pourtant, même si je me lance à corps perdu dans l'aventure de la vie, cela ne m'empêche pas de prendre soin de moi quand il le faut.

Un écrivain ne doit jamais perdre cet « état d'enfance ». Un état qui n'est pas nécessairement de l'immaturité ou de la sentimentalité, mais une manière de regarder les choses comme si on les voyait pour la première fois.

EDNA O'BRIEN

L'enfant est un être avide de connaissances et de nouveautés, toujours prêt à questionner et expérimenter, les yeux et l'esprit grand ouverts au monde qu'il découvre. La vivacité de l'esprit est un état qui demande à être entretenu de la même manière qu'on prend soin de notre corps. Pour rester jeune, il faut avoir l'audace et la fraîcheur, la soif et la vivacité de l'enfance.

Aujourd'hui, je vois la curiosité comme une belle qualité, et l'intérêt une preuve de vitalité.

Il faut définir le cadre d'une longévité en bonne santé. Vieillir n'est pas une maladie.

ÉTIENNE-ÉMILE BAULIEU

Ne suis-je qu'une marionnette dépendante d'un corps ballotté dans un univers matériel aux lois fixes et incontournables ? Ne suis-je qu'une victime des réactions chimiques de mon cerveau, prisonnier d'émotions mystérieuses et incompréhensibles ? À tout vouloir médicaliser, on va finir par faire de la vie une maladie !

Je ne suis pas un robot programmé dès la naissance pour agir selon certains modèles et autres plans déterminés. Si mon corps suit un processus biologique qu'on appelle le vieillissement, je serai toujours MOI, l'être pensant qui conçoit et décide, accepte ou refuse, qui aime et éprouve un arc-en-ciel d'émotions.

Qu'importe mon âge, je suis aux commandes de ma vie.

La meilleure façon de vivre la vie est encore d'y faire face et de la vivre… intensément.

Le temps n'est qu'un leurre. Il nous fait oublier le principal.

HERVÉ DESBOIS

Le temps qui file est comme une distraction sur notre chemin, comme un de ces panneaux publicitaires qui attirent notre attention sur un produit ou un autre, et le message porte sur le fait que les jours s'enfuient quoi que l'on fasse. Pendant que l'on regarde les minutes s'écouler à l'horloge de la vie, que faisons-nous de ce qui fait l'essence même de l'existence ?

Le temps n'est qu'une ombre aux multiples apparences, une ombre à laquelle je n'accorde pas plus d'importance qu'il ne faut, car je veux mettre toute mon attention sur les aspects essentiels de la vie.

Je veux aller aussi loin que le soleil me le permettra.

Garde-toi, dans la vie, de rien différer : que ta vie soit l'action, encore l'action !

GOETHE

Si nous devons être conscient de la fragilité de l'existence et de l'implacable fuite du temps, nous devons surtout comprendre l'importance de ne pas remettre à demain ce qui nous tient vraiment à cœur.

Si nous considérons la vie trop courte, alors pourquoi perdre notre temps en futilités ? Il nous faut établir clairement ce qui est important pour nous-même, indépendamment du jugement ou des critiques des autres. Tout est relatif, et ce qui est prioritaire pour l'un sera peut-être dénué d'intérêt pour l'autre.

Aujourd'hui, je regarde la vie dans une nouvelle optique : je ne crains pas de me remettre en question.

On a l'âge de son cœur.

JACQUES LAMARCHE

Aujourd'hui, je me gonflerai le cœur de la vie qui bat en moi. Je serai à l'écoute du monde et des gens, mais surtout à l'écoute de la voix silencieuse qui chuchote en moi et me guide dans les méandres de l'existence. Si parfois je me sens perdu et indécis, fatigué et inquiet, je n'ai besoin que de reprendre mon souffle pour renouer avec moi-même et trouver les réponses tant recherchées.

Rêver, c'est écouter l'enfance attardée dans l'homme.

ROCH CARRIER

Imaginer une vie sans rêves serait comme imaginer une planète sans soleil, un environnement sans fleurs, un arbre sans oiseaux. Ceux qui se disent trop sérieux ou trop occupés pour avoir le temps de rêver finiront par trouver la vie terne et le temps ingrat. Le plus amusant est que leur occupation si accaparante est étroitement liée à leurs rêves, car après tout, il a bien fallu qu'ils imaginent cette occupation pour qu'elle se produise dans la réalité.

Aujourd'hui, je me permets de rêver car je sais que le rêve est la matrice qui donne naissance à la réalité.

Marcher droit ne signifie pas marcher au pas.

HERVÉ DESBOIS

Chaque jour nous enseigne combien il est important d'avoir une vie sincère et honnête, une vie décente et droite. Les exemples d'écarts regrettables qui conduisent tout droit en « enfer » font régulièrement la une des médias. Il est vrai que nous avons tous nos faiblesses; mais il est des faiblesses qui, pour certains, semblent avoir le pouvoir de les attirer dans des pièges insensés. Mais comment garder la tête et les épaules légères si l'on traîne avec soi sa propre honte ? Marcher droit nécessite certainement des efforts, un profond sens de l'éthique et de l'intégrité, mais cela ne signifie pas que l'on doive rester dans son coin de peur de faire des erreurs. On peut marcher droit tout en étant soi-même et en suivant son propre chemin.

Aujourd'hui, je crois en mes capacités d'avancer sans crainte de tomber.

Deux manières de vieillir : l'esprit qui l'emporte sur la chair, ou la chair qui l'emporte sur l'esprit.

PAUL CLAUDEL

Comment est-ce que je réagis quand mes yeux s'ouvrent sur un matin gris et pluvieux ? Est-ce que ma journée sera à l'image de la grisaille, ou serai-je assez fort pour y mettre chaleur et soleil ? Comment est-ce que je réagis à l'image que me renvoient les miroirs ? Dois-je m'attrister de voir le temps modeler l'apparence de ce corps qui est le mien ou au contraire me réjouir d'être bien en vie et bien portant ?

Aussi sûrement que le fruit gâté que l'on écarte n'abîmera pas les autres fruits autour de lui, une attitude positive et optimiste finira par éclairer les pensées les plus noires, les nôtres et celles des autres.

Aujourd'hui, je saurai mettre l'accent sur les plus beaux aspects de la vie.

La vie est comme on la fait.

ALPHONSE ALLAIS

Comme la fleur qui s'épanouit est le fruit de la graine que j'ai mise en terre, la vie qui est la mienne est le fruit des rêves que j'ai bien voulu mettre au monde. Même si l'existence paraît parfois complexe et qu'il nous arrive de ressembler à des fétus de paille ballottés par le vent, notre façon d'être, de faire et de réagir n'appartient qu'à nous.

Rêves ou cauchemars ? Réussite ou cul-de-sac ? Amour ou animosité ? Je dois avoir conscience que les embûches et les barrières qui me limitent ne sont là que parce que, d'une manière ou d'une autre, j'en ai décidé ainsi.

Aujourd'hui, je veux explorer et apprendre à utiliser les possibilités qui sont en moi.

Le bonheur est une rivière qui peut nous inonder sans jamais nous noyer.

Le bonheur est un soleil qui évapore les derniers lambeaux de nuit obscurcissant les âmes en peine.

Le bonheur chasse toutes les brumes de notre esprit apeuré par les craintes de l'existence. C'est un remède miracle qui guérit les blessures et repousse les frontières de la mort.

Comment peut-il vieillir celui qui connaît le bonheur ?

Vieillir, c'est découvrir la transparence, brûler les frontières, fondre les limites, abattre les paravents... Y a-t-il plus passionnant voyage que celui de la vie ? Jusqu'à la mort incluse ?

MARIA CASARÈS

Un jour ou l'autre, il nous faut envisager la vie sous une nouvelle optique, s'efforcer de sortir des vieilles idées et des ornières des préjugés. Et si la vie n'était pas vraiment ce que l'on essaie de nous faire croire ? Quelque chose d'autre que des formules de chimie ou d'ADN ? Quelque chose d'autre que des milliards de destins qui se croisent et s'entrechoquent selon un plan déjà établi par quelque assortiment de planètes ou un quelconque nouveau chaman de la science ?

La rigidité de l'univers physique nous en fait oublier l'origine. Qui a pensé ces maisons et ces villes, ces avions et ces machines, sinon un esprit, l'esprit humain ? L'esprit est créateur, l'esprit est maître d'œuvre, l'esprit est une partie de Dieu, par-delà les religions et les croyances. L'esprit précède toute chose, comme la pensée précède l'action; l'esprit donne vie à la matière, il n'en est pas issu; l'esprit est en chacun de nous, l'esprit « est nous ».

Aujourd'hui, j'envisage ma vie comme un long et passionnant voyage dont je suis le seul à décider l'itinéraire.

C'est peut-être l'enfance qui approche le plus de la « vraie vie ».

ANDRÉ BRETON

Mais d'où vient cette idée qu'il nous faut absolument sortir de l'enfance pour devenir des adultes « responsables et compétents » ? Faut-il alors abandonner notre goût pour l'aventure et le jeu, notre aptitude à nous émerveiller des chose simples et belles, notre capacité à rire et à prendre la vie comme un terrain de jeu plutôt qu'un champ de bataille ?

L'énergie et le charisme qui émanent de moi se nourrissent autant des qualités propres à l'enfance que de l'expérience de l'adulte que je suis devenu. La beauté qui irradie de moi trouve sa source dans ma capacité d'aimer et de rêver, d'oser et de créer.

Aujourd'hui, je veux me connecter à l'imaginaire de l'enfance.

L'âge m'a peut-être quelque peu calmé, mais il n'a pas vraiment «guéri ma folie». La seule différence est que j'y consacre un peu moins de temps.

HERVÉ DESBOIS

Même si je ne veux pas voir l'âge comme un poison s'insinuant dans chacune de mes cellules, force m'est de reconnaître que le corps humain est à l'image de l'arbre adulte : ce qu'il gagne en grandeur et en magnificence, il le perd plus ou moins en flexibilité. Certes, l'exercice régulier permet d'entretenir la « machine » et ainsi de la maintenir à un niveau d'activité respectable pendant longtemps, et il ne faut certainement pas négliger cet aspect de l'existence. Mais, plus important que tout, il faut rester flexible « de l'intérieur ». Ce que mon corps perd en jeunesse apparente ne doit pas me faire oublier ou renier cette jeunesse qui est en moi. Si l'ardeur et la vitalité du corps décroissent plus ou moins rapidement avec le temps – cela dépend de chacun – la fougue et la « folie » peuvent être éternelles.

Il n'y a pas d'âge pour rester jeune; il n'y a pas d'âge pour rester « fou ».

Continuez de faire des semailles, car on ne sait jamais quelles graines porteront fruit… peut-être toutes ?

ECCLÉSIASTE

Jour après jour, j'entretiens l'arbre de la Vie pour que la sève de la jeunesse continue d'abreuver les saisons de ma propre vie.

Quoi qu'il advienne, une alternative s'offre toujours à nous : soit voir le bon côté des choses, soit en voir le mauvais.

SUE PATTON THOELE

Que l'on se sente égaré dans la nuit, perdu dans la tourmente ou esseulé dans la grisaille, il faut croire à la vie et se dire que le soleil brille toujours quelque part, et qu'il finira par réchauffer notre coin de pays un jour ou l'autre.

Toute épreuve devrait nous marquer, non par la douleur ou le chagrin, mais par la leçon qu'elle porte en elle-même. Si les plaies guérissent et finissent par cicatriser, ainsi en est-il des blessures que la vie nous inflige parfois, à moins qu'on ne consente soi-même à les garder ouvertes.

Aujourd'hui, je me tourne vers l'espoir et la beauté, la confiance et l'harmonie.

Faites que la beauté reste,
que la jeunesse demeure,
que le cœur ne se puisse lasser
et vous reproduirez le ciel.

CHATEAUBRIAND

Je regarderai le ciel sans me lasser, comme si je découvrais chaque jour de nouvelles couleurs sur la grande toile de l'infini.

Je regarderai les nuages comme autant de monstres fantastiques cachés dans ma mémoire d'enfant.

Je regarderai l'arc-en-ciel comme on découvre la beauté pour la première fois.

J'écouterai la chanson du vent qui berce les arbres et les blés mûrs, le chuchotement de la pluie sur la terre assoiffée, et le chant de la vie partout où mes yeux se portent.

Aujourd'hui, je prendrai un bain de nature pour me rafraîchir corps et âme.

Accroche ton chariot à une étoile.

RALPH WALDO EMERSON

Nous pouvons voir la vie comme une mécanique implacable régie par la matière, l'énergie ou une quelconque combinaison des forces de l'univers. Et c'est là la façon dont les matérialistes, ou les plus pessimistes, voient probablement la vie. Par contre, nous pouvons envisager notre existence comme une longue route tout au long de laquelle il nous sera donné de créer selon nos propres ambitions, un genre d'interaction entre notre propre puissance en tant qu'être spirituel et toutes les forces de l'univers physique.

Certains rêves de notre enfance sont peut-être devenus une réalité et d'autres pas. Pourquoi ? Cela tient essentiellement à notre capacité de poursuivre une voie bien tracée et de ne pas s'en écarter. Avoir un but et le poursuivre jusqu'à ce que, un jour ou l'autre, nous finissions par l'atteindre.

Aujourd'hui, je retrouve les ambitions que j'ai laissées de côté et, comme l'étoile retrouve sa brillance au cœur de la nuit, je leur redonne un souffle de vie afin de les raviver.

Le soleil du soir allume une chandelle dans tes yeux.

HERVÉ DESBOIS

L'automne a cela de merveilleux qu'il semble contenir en lui-même une parcelle de l'été envolé, teinté d'une touche de l'hiver à venir. L'automne fait de nous des voyageurs à la croisée des chemins, il est un messager qui nous incite à méditer sur nos saisons passées et à venir. Gonflée de l'été qui vient de s'achever, la nature se prépare sans hâte à la grande dormance de l'hiver. Mais tout resplendit, tout est beauté, abondance et vie.

Je veux voir les jours où s'écoule ma vie comme autant de saisons qui se succèdent, chacune apportant ses richesses et ses beautés, aucune n'étant plus belle ou plus grande qu'une autre. Ce qui fait la beauté du monde et de la vie est la diversité des couleurs qui l'habitent, se fondent et se marient.

Aujourd'hui, je resterai serein face au temps qui s'écoule en prenant ce qu'il apporte et laisse sur son passage.

Le sel de l'existence est essentiellement dans le poivre qu'on y met.

ALPHONSE ALLAIS

Comme la vie semble intéressante et harmonieuse quand on la prend avec une bonne ration d'humour, une bonne dose de philosophie et juste assez de piquant pour ne pas se brûler les ailes. Si à chaque jour suffit sa peine, chaque jour nécessite aussi sa part de rigolade et de détente. Certaines personnes ont naturellement la « détente facile » et n'éprouvent donc aucune difficulté à se distraire et même à partager leur plaisir avec d'autres. Ce sont habituellement des personnes sociales dont on apprécie la présence. S'il est bon de rechercher la compagnie de telles personnes pour ensoleiller nos journées, il ne faut certainement pas sous-estimer notre propre aptitude à le faire. Il suffit parfois de pas grand chose, et si nous laissons libre cours à notre imagination, nous ne tarderons pas à trouver des façons simples et saines de nous relaxer.

Aujourd'hui, j'enlève un peu de sérieux dans ma vie pour y mettre un peu plus de détente et de philosophie.

La nature ne peut souffrir que l'on vive sans vieillir.

PROVERBE FRANÇAIS

La jeunesse du corps a ses beautés que l'on peut regretter quand elle nous quitte. Pourtant, rien ne peut remplacer la jeunesse de l'âme et du cœur. C'est d'ailleurs toujours frappant de rencontrer une jeune personne qui est déjà vieille de cœur et d'esprit, à un tel point que même sa fraîcheur et sa beauté en sont affectées. La vie est un cadeau qui peut rester beau bien après que l'enveloppe a perdu son éclat premier. Tout dépend de ce qu'on en fait.

Aujourd'hui, je porte mon attention sur la plus importante des jeunesses, celle du cœur.

Où est l'enfance est l'âge d'or.

NOVALIS

Bienheureux ceux qui savent garder leur cœur d'enfant, car ils trouveront toujours du plaisir à la vie.

Bienheureux ceux qui savent garder leur regard d'enfant, car ils verront toujours ce qu'il y a de beau autour d'eux.

Bienheureux ceux qui savent garder leurs rêves d'enfant, car ils ne cesseront de croire en des lendemains plus brillants.

Soyez l'écrivain de votre vie.

HERVÉ DESBOIS

Chaque aurore ouvre une nouvelle page que le soir viendra fermer. Ce qu'elle renfermera appartiendra pour toujours au monde de mes souvenirs et ne pourra être effacé ou réécrit.

Les jours sont éphémères et le temps insaisissable, mais l'histoire qui s'écrit au quotidien est comme gravée dans le granit le plus dur. Ma mémoire est mon histoire, et je serai toujours seul face à elle, seul devant mes choix. Même si la vie est un voyage fait de rencontres et de partage, je veux que cette histoire soit à l'image de mes rêves et de mes ambitions, qu'elle soit mon histoire, celle que j'ai moi-même choisi de vivre.

Aujourd'hui, je ne laisserai personne d'autre que moi écrire le livre de mon histoire.

Nature en fête
Chaque jour se prête
Pour l'âme en paix

HERVÉ DESBOIS

Aujourd'hui, je sors prendre une bouffée d'automne.

Jusqu'à ce que j'aie épuisé toutes les ressources de mes divers talents, cultivé toutes les semences qui doivent germer en moi, et ce jusqu'à ce que la récolte soit complétée, je ne veux pas mourir.

KÄTHE KOLLWITZ

Il y a tant à faire, à créer, à corriger, tant de buts à poursuivre et de causes à soutenir, qu'il n'y vraiment pas de temps à perdre avec d'inutiles jérémiades. Si la vie peut être parfois dure et cruelle, nous devons éviter de sombrer dans l'éternel regret du passé. Le printemps se nourrit des forces et des douceurs de la terre pour donner naissance à toutes ces fleurs. Il faut vraiment pouvoir regarder partout en nous-même, parfois avec les yeux d'un autre, afin de trouver les richesses qui nous habitent et les défis qui nous attendent. C'est un long voyage que nous pouvons entreprendre n'importe quand.

Je sais que la route est longue et souvent cahoteuse, mais en prenant le bon chemin, je découvrirai des paysages d'une grande beauté.

Au cœur de l'hiver, j'ai finalement appris qu'en moi existe un été invincible.

ALBERT CAMUS

Merci mon amie de m'avoir aidé à me relever, merci d'avoir essuyé ces larmes qui me rendaient aveugle, merci d'avoir ôté la poussière de sur mon âme, et surtout merci de m'avoir montré ce chemin qui conduit jusqu'à la source de ma vie. Je sais maintenant que je ne suis plus seul puisque tu m'as aidé à me trouver.

Je regarde les jours passer comme un frisson.
L'été arrivera bien.

HERVÉ DESBOIS

L'air est vif dans le ciel bleu, diamant pur où scintille l'éternelle immensité de l'infini. Une mélodie lointaine que je connais bien me force à lever les yeux à l'envers du soleil, et je les vois de nouveau, très haut dans le ciel. Comme de grandes écharpes qui ondulent gracieusement sur la grande toile du peintre de la création, elles reviennent annoncer le changement de garde des saisons : les oies blanches sont de retour pour nous annoncer le sommeil prochain de notre coin de terre.

Aujourd'hui, je me rapproche de la nature et m'imprègne de son énergie, source sans cesse renouvelée de la vie.

*La vie est une aventure audacieuse ou elle n'est
rien.*

HELEN KELLER

En chaque être humain se cache plus ou moins
profondément un artiste, un rebelle, un guerrier
du quotidien, un être unique et merveilleux qui
voudrait faire de cette vie une longue et belle
aventure faite de conquêtes et de victoires sur la
laideur et l'ennui.

Que notre vie soit à l'image de la nature qui nous
accueille, à la fois belle et animée, douce et
tenace, tranquille et intense. Que notre vie soit
faite de patience et d'ardeur, de combativité et
d'harmonie. Si la nature est grande et belle, elle
doit se battre jour après jour afin d'être et rester
ce qu'elle est.

Aujourd'hui, je ne crains pas d'afficher qui je
suis.

Lorsque quelqu'un sombre dans la pensée néga-
tive, il commet un crime innommable contre lui-
même.

MAXWELL MALTZ

L'être humain est prompt à accuser son voisin et reporter les torts sur « les autres », et l'individu regarde rarement en lui-même pour y trouver la source de ses ennuis et malchances. Il est vrai que la société compte un petit nombre de personnalités antisociales et qu'on ne peut nier le fait que nos déboires et malheurs peuvent fort bien provenir de ces gens qui ne cherchent qu'à nuire et décourager. Mais qu'en est-il de ces pensées négatives et démoralisantes que l'on s'adresse à soi-même ? Avons-nous besoin de ces coups de massue sur notre ego pour nous relever ou progresser ? Certes non ! Examen de conscience ne signifie pas rabaissement. Tout événement de notre vie, positif ou négatif, devrait agir comme un élastique pour nous propulser vers nos futures réalisations. Et si la pensée négative cherche à nous submerger, nous devons prendre les moyens pour nous en éloigner : des amis, une sortie, un bon film… il y a bien des façons « naturelles et non alcoolisées » de retrouver le moral et le sourire. À chacun de faire travailler son imagination.

Aujourd'hui, je trouve en moi la source d'énergie positive à laquelle m'abreuver.

La vie est une conjugaison d'événements : le passé est antérieur et le futur est conditionnel au présent.

HERVÉ DESBOIS

On ne le répètera jamais assez : notre passé ne nous appartient plus, même si nous devons en assumer l'existence. Le passé est à lui-même, comme un fantôme figé dans le temps et qui, pourtant, vient régulièrement hanter l'espace de notre présent. Il faut être suffisamment fort pour en repousser les attaques et ne pas tomber dans les pièges qu'il nous tend parfois pour nous faire sentir faible et incapable, faire de nous des naufragés de nos échecs. Si la persévérance est une noble qualité, il faut avoir la lucidité et la sagesse de reconnaître quand changer de cap, quand tourner la page et les yeux vers d'autres horizons. Ainsi, l'échec devient une des pierres qui vient renforcer l'édifice de mon existence, et le désir de réussir, mon seul point de repère.

Aujourd'hui, j'ai l'ardeur de la jeunesse pour aller de l'avant, j'ai la sagesse de l'expérience pour me montrer les jalons de la route.

Il n'y a aucun remède contre la naissance et contre la mort, sinon de profiter de la période qui les sépare.

GEORGE SANTAYANA

Cette vie m'appartient, même si je ne suis qu'un locataire de passage sur cette terre. Qu'elle me vienne d'un Dieu invisible et tout-puissant ou d'un mystère appartenant à l'infinité des temps, cette vie m'appartient en propre, et ce que j'en fais ne dépend en très grande partie que de moi.

Aujourd'hui, je porte mon attention sur les possibilités que la vie nous offre.

Vous avez peut-être des habitudes qui vous affaiblissent. Le secret du changement, c'est de concentrer toute votre énergie, non pas à lutter contre le passé, mais à construire l'avenir.

SOCRATE

Rien n'est parfaitement immobile. Tout change et évolue, et celui qui pense vivre toujours dans la même époque fait déjà partie d'un passé révolu. Les modes passent, se créent et se défont au rythme des rêves et de l'imagination. C'est le grand courant de la vie qui conduit l'art et toute forme de création, du quotidien banal au chef-d'œuvre grandiose et unique. Du simple crayon à l'ordinateur le plus puissant en passant par la machine à écrire, de la voiture à cheval à la navette spatiale, du télégraphe au téléphone mobile, tout est évolution, changement, création. La nouvelle robe ne change pas la jeune fille qui la porte. Si le fond reste vrai, la forme peut évoluer librement. Seul l'essentiel doit rester intact.

Vivre avec son temps c'est y contribuer, pas le subir.
Rester jeune en tout temps, c'est participer, pas attendre.

Le corps a besoin d'énergie pour fonctionner.
L'esprit a besoin de rêves et d'espoirs.

Méfiez-vous de celui qui a une langue de miel et un poignard derrière son dos. Un ennemi connu est dangereux, mais un faux ami est pire.

Sagesse chinoise

Pour que l'harmonie règne autour de soi, il faut savoir s'entourer d'énergies positives, d'esthétique et de beauté, s'entourer de gens qui aiment la vie, de gens qui aiment les gens. Faire sourire, mettre à l'aise, être attentif, constructif, voir le bon avant le mauvais, encourager avant de corriger, trouver les solutions au lieu de chercher les problèmes, tout cela fait partie de ces qualités et attitudes que l'on devrait s'employer à faire grandir chez soi, mais également à trouver chez ceux qui nous entourent.

Pour s'épanouir et rester jeune, la vie doit se nourrir de forces positives.

Il existe quantités de crèmes et de lotions pour garder une apparence de jeunesse au corps, mais qu'allez-vous faire pour l'âme, le berceau même de la jeunesse ?

HERVÉ DESBOIS

L'existence comporte bien des pièges dans lesquels il est facile de tomber, et le quotidien peut rapidement devenir une prison dorée qui regorge de ces miroirs aux alouettes, des apparences de bonheur et de liberté où s'enfoncent les plus belles années de la vie. L'existence peut être un labyrinthe dans lequel nous errons sans même en être conscient, car les mensonges rendent aveugle aussi sûrement qu'une nuit sans lune.

Où est la frontière entre le réalisme et le défaitisme ? Entre le rêve et le vrai ? Entre l'amour et la possession ? Entre le jeune et le vieux ?

Aujourd'hui, je trouve mes propres réponses.

Le plus clair de mon temps je le passe à l'obscurcir.

BORIS VIAN

Au-delà du jeu de mots de cette citation, je peux me poser la question suivante et tâcher d'y répondre le plus honnêtement possible : comment est-ce que j'emploie mon temps ?
Poser la question, c'est commencer à y répondre. Poser la question, c'est déjà chercher les solutions.

Aujourd'hui, je me pose les vraies questions et je suis sincère dans mes réponses.

Une vie, c'est autant d'enfances qu'il y a de journées.

JEAN NADEAU

Les gens trop sérieux ne sont pas vraiment heureux, et l'insouciance est une merveilleuse qualité trop souvent reléguée au chapitre des défauts. Il est possible d'exécuter une tâche avec grand sérieux tout en étant calme et détendu, souriant et affable : le secret réside dans la compétence, non dans l'importance qu'on se donne. C'est pourquoi j'aime regarder les enfants qui jouent sans se soucier du reste. Je veux m'imprégner de leur fraîcheur et leur simplicité, mêler leur authenticité à la sagesse de mon expérience d'adulte afin d'envisager la vie avec une étincelle d'innocence.

Aujourd'hui, je me nourris de la magie de l'enfance. C'est ma façon de voir l'existence comme un terrain fertile et prometteur.

Courir le monde ne sert qu'à tuer le temps. On revient aussi insatisfait qu'on est parti. Il faut faire quelque chose de plus.

ELLA MAILLART

Le temps est une rivière qui s'écoule au gré des âges et des saisons, traversant tempêtes et accalmies, et nous en suivons le cours, qu'on le veuille ou non. Chaque nouveau jour apporte de nouveaux paysages, et ce que j'ai vu hier n'est déjà plus qu'un souvenir imprimé dans les pages de ma mémoire.

L'important réside dans ce qui vit et m'entoure aujourd'hui. L'important n'est pas tant ce que nous avons fait, mais ce qu'il nous reste à faire.

Pour moi, les vrais adultes ne sont pas les personnes débordantes de «maturité», mais celles qui ont conservé leur innocence dans leur cœur. Ils ont des étincelles dans les yeux et la démarche énergique.

JUDY FORD

Dès l'instant où l'on commence à résister à quelque chose, que ce soit un défaut chez soi ou chez un autre, une attitude qui nous énerve, ou simplement le fait de vieillir, on tombe dans le piège même où l'on ne voulait pas tomber. Les forces contre lesquelles on s'oppose semblent nous renvoyer une opposition équivalente.

Faut-il cesser de s'en faire avec la vie pour commencer à vivre vraiment ?

Faut-il cesser de s'en faire avec les années pour commencer à en apprécier toute la valeur?

Vieillir importe peu, l'important est de vivre, et de bien vivre.

La vie est une suite d'enfances à n'en plus finir.

JEAN-PAUL FILION

Soyez poète, soyez rêveur. Ne laissez pas le poids du quotidien étouffer la créativité qui vit en vous.

Tandis que nous parlons, le temps jaloux aura fui; cueille le jour présent, en te fiant le moins possible au lendemain.

HORACE

Carpe diem (Cueille le temps présent), disait Horace; *Cueillez dès aujourd'hui les roses de la vie,* disait Ronsard. De tout temps, les poètes ont chanté le temps fugace et éphémère qui passe en se moquant de nous et dont, pourtant, nous devons sans tarder tirer toute la substance, le miel de l'existence.

N'attendez pas demain pour savoir si vous auriez dû agir hier. Les décisions se prennent au présent, pas au passé ni au futur, et il est peut-être préférable de regretter une erreur qu'une inaction. Rien ne retient le temps qui passe, et on ne récolte pas les jours perdus comme on moissonne les blés.

Mon épanouissement est conditionnel à ma capacité de vivre pleinement ma vie aujourd'hui même.

Le corps résiste plus ou moins bien aux assauts du temps, mais il finit toujours par plier devant la vieillesse. Seule l'âme reste jeune.

HERVÉ DESBOIS

Je ne danse peut-être pas sur des airs de *rap* ou de *dance music*, et je ne chante peut-être ni *hip-hop* ni *metal*, mais je reste ouvert aux nouveaux courants sans juger ni rejeter. La jeunesse est porteuse de futur et d'énergie; elle peut m'apporter l'ardeur et la vivacité que le temps s'évertue à m'ôter un peu plus chaque jour; la jeunesse peut me donner l'envie de la nouveauté que mes habitudes cherchent à étouffer. Je veux que la flamme qui brûle en moi reste bien vivante très longtemps.

Aujourd'hui, on me regardera et on verra la vie pétiller au fond de mes yeux. On m'écoutera et on entendra la jeunesse de mes pensées.

Nous avons le choix entre voler à haute altitude, dans une atmosphère d'optimisme, d'enthousiasme et de fébrilité, ou passer notre temps à nous morfondre au ras des pâquerettes.

Sue Patton Thoele

Notre vie est à l'image d'un océan que nous traversons en quête d'une terre promise, incertaine et lointaine. Si les flots peuvent être calmes, il arrive que nous traversions des tempêtes de toutes sortes. Malgré les éléments qui se déchaînent, le marin doit faire face et continuer de tenir le gouvernail, sinon son sort est déjà décidé.

Nous n'en sommes pas toujours conscient, mais la vie est faite de choix. Le tout est de savoir si c'est nous qui choisissons ou bien d'autres qui choisissent pour nous. Même le fait de se laisser aller est un choix. La vie est parfois violente et intense, et il nous arrive de ressembler à des automates bousculés dans les trépidations d'un quotidien en perte de contrôle. Quel sera mon choix ? Quelle sera ma réaction ? Est-ce que je vais laisser les éléments décider pour moi ? Attendre en espérant que la tempête se calme ?

Si on ne choisit pas le temps qu'il fait, on peut toujours choisir la façon dont on le reçoit.

Sur l'océan de la vie, je serai un marin qui ne craint pas de faire face aux éléments.

Ce qui est derrière nous et ce qui est devant nous sont peu de choses comparativement à ce qui est en nous.

RALPH WALDO EMERSON

Chacun doit trouver sa propre voie, aussi insensée puisse-t-elle paraître aux yeux d'un autre, la suivre et tout faire pour ne pas s'en écarter. Voici l'une des clés du bonheur et de l'épanouissement, l'une des portes qui ouvrent sur une jeunesse durable et tenace malgré le poids des années. Les buts alimentent la vie; ils sont l'énergie qui nous fait avancer malgré les obstacles et la fatigue. Ils sont l'étincelle qui éclaire notre regard d'un bout à l'autre du chemin.

Je resterai jeune dans la mesure où j'entretiens mon jardin intérieur avec la même attention que mon apparence extérieure. La jeunesse se nourrit de rêves et d'espoir.

Quelle réussite si, avant la fin de sa vie on ressemble, même de loin, à ce que l'on a toujours voulu être.

MARCEL JOUHANDEAU

On trouve le goût de vivre en soi et de quoi le nourrir à l'extérieur de soi.

Être étonné, c'est un bonheur ; et rêver, n'est-ce pas un bonheur aussi ?

EDGAR POE

Comme l'enfant regarde le monde avec les yeux d'un explorateur arrivant dans une contrée lointaine et inconnue, je veux encore me laisser surprendre et étonner. La vie nous offre mille et une occasions de nous émerveiller, de la simple fierté de l'enfant qui fait ses premiers pas à l'époustouflante beauté du réveil de la nature endormie, du sourire franc de l'ami qui m'accueille au rire joyeux d'une cascade dont je découvre les eaux cristallines au détour d'un sentier. Un nuage aux formes bizarres pourra m'arracher un sourire, une rencontre inattendue me remplir de joie, un premier baiser me transfigurer, des retrouvailles me tirer des larmes de joie.

Aujourd'hui, je veux être réceptif à la magie de l'instant présent.

Tous nous serions transformés si nous avions le courage d'être ce que nous sommes.

MARGUERITE YOURCENAR

Faut-il absolument tirer un trait sur nos espoirs déçus pour enfin être bien ? Devons-nous regarder nos aspirations déchues comme autant de chimères aussi folles que nos jeunes années ? Et pourquoi ne pas envisager nos échecs et réalisations dans une optique plus large où s'inscrivent nos réels désirs ? De quoi ai-je réellement envie ? Quels sont mes objectifs ? Quel est mon but ultime dans la vie ? Celui qui travaille avec obstination à la réalisation de ses rêves ne peut pas vraiment vieillir. Il est porté par sa foi, et son éternelle jeunesse se nourrit du bonheur quotidien d'être ce qu'il veut être.

Aujourd'hui, je me pose les bonnes questions.

J'ai beaucoup mieux à faire que m'inquiéter de l'avenir : j'ai à le préparer.

FÉLIX-ANTOINE SAVARD

Le temps ne semble avoir de prise sur nous que dans la mesure où il nous tire vers les douleurs et défaites passées. Libre est l'individu qui ne traîne pas avec lui ses échecs comme autant de boulets à ses pieds, car l'esprit ne peut s'élever que dans une atmosphère de liberté, autant physique que spirituelle. Les années qui voûtent les épaules ne pèsent rien de plus que ce qu'on y laisse de douloureux et d'accablant. Pourtant, chaque individu a, quelque part en lui, la force de ne pas se laisser atteindre. Peut-être que ce n'est pas facile, mais ce n'est pas impossible non plus.

Aujourd'hui, j'aurai l'audace de regarder l'avenir avec calme, l'insolence de tourner le dos au passé, la sagesse de faire confiance à mes capacités.

Clin d'œil sur les élixirs de jeunesse...
Restez jeune grâce au yogourt !

« À la recherche d'un élixir de jeunesse, le chimiste russe Elie Metchnikoff a une révélation peu avant la Première Guerre mondiale: les Bulgares sont, de tous les Européens, ceux qui vivent le plus longtemps. Qu'est-ce qui distingue les Bulgares des autres Européens ? Le yogourt. Cet aliment, selon Metchnikoff, permet à des bactéries sympathiques de se rendre dans l'estomac afin de détruire les poisons intestinaux. »

Source : Claude Marcil

Musique, emporte-moi vers d'autres cieux où le temps n'existe pas !

HERVÉ DESBOIS

Loin des murmures et des regards de la foule, loin de l'agitation du monde et des gens, je me replie en moi-même pour écouter mon cœur battre au rythme de la vie que je choisis.

Aujourd'hui, je trouverai le temps de fermer les yeux pour plonger dans un monde d'une éternelle jeunesse.

Tous les gens qui se prennent au sérieux me font éclater de rire.

Robert Laffont

Riez ! Ça détend les muscles du visage… Et ça détend tout court.

Il faut boire jusqu'à l'ivresse
Sa jeunesse
Car tous les instants
De nos vingt ans
Nous sont comptés
Et jamais plus
Le temps perdu
Ne nous fait face

CHARLES AZNAVOUR

Contrairement à l'existence physique, la jeunesse peut ne pas connaître de fin. C'est comme un soleil qui brille à sa façon selon les saisons, qui éclaire et réchauffe différemment selon les âges, mais c'est un soleil qui garde en lui la même intensité jour après jour. Si nous savons écouter, nous pouvons entendre au plus profond de nous-même cette éternelle jeunesse qui vit et bat au rythme d'un autre univers, une autre dimension qui ne connaît pas les barrières de l'espace et du temps.

Nous sommes la source de notre propre vivacité, la flamme de notre propre passion, le courant qui porte la rivière.

Aujourd'hui, est une autre occasion de faire éclater ma jeunesse. La vie se vit à tout âge.

Les yeux des enfants recèlent un secret : ils pétillent de bonheur.

HERVÉ DESBOIS

Le soleil se lève d'abord dans mon regard quand je découvre l'horizon qui s'offre à moi. Je sens l'infini au bout de mes doigts, comme si soudain je touchais un rêve venu du plus profond de la nuit. Libéré des peurs qui m'entravaient comme autant d'invisibles liens, je sens de nouveau battre en moi l'enthousiasme et la foi de la jeunesse. Je veux croire en mes capacités, qu'importe les sarcasmes et les jugements. Je veux croire en ma créativité, car c'est elle qui me garde alerte et bien en vie. Créer, toujours et encore créer, l'inhabituel et le quotidien. Tout tient dans ce mot : créer.

Je ferai de ce jour un jour qui n'a pas son pareil, un jour à l'image de ce que je suis vraiment.

Au lieu de rentrer en enfance, il vaut mieux ne pas la quitter.

HYACINTHE BRABANT

Je veux être un adulte tout ce qu'il y a d'épanoui et de compétent, mais ne jamais perdre cette flamme qui dévorait mes yeux d'enfant. Je veux voir la vie comme un grand terrain de jeux, une sorte de territoire vierge où je peux faire pousser mes rêves et faire grandir mes aspirations. Même si le quotidien apporte son lot de problèmes et d'obstacles, cela ne fera que me stimuler en m'incitant à me battre encore plus, non pas la rage au cœur, mais le sourire aux lèvres.

Il est toujours temps d'avoir des rêves et des ambitions, et même s'il faut voir la vie dans une optique de responsabilité, rien ne m'empêche de goûter à l'enthousiasme de l'enfance.

Aujourd'hui, je vivrai le meilleur des deux mondes : la sagesse de l'adulte et la passion de l'enfance.

C'est les jeunes qui se souviennent. Les vieux, ils oublient tout.

BORIS VIAN

Le meilleur moyen de rester jeune et de comprendre les jeunes est de ne jamais perdre de vue sa propre enfance, sa propre adolescence. Aujourd'hui, je veux me souvenir, non pour juger ou dénigrer (« Dans mon temps !… ») mais pour comprendre toute la vie et toutes les beautés qui se cachent derrière ces visages d'enfants, parfois arrogants, parfois surprenants, souvent difficiles à suivre et à saisir, mais qui sont l'essence même de la vie. Tout évolue, et la jeunesse d'aujourd'hui est à l'image de ma propre jeunesse lorsque c'était moi qui devais défendre ce que j'étais face à des parents plus ou moins compréhensifs. En me souvenant de ce que j'étais, je peux mieux comprendre ce que je suis devenu et ainsi concevoir que toute vie d'adulte se bâtit sur une vie d'enfant.
Le nouveau rameau est le prolongement de la branche qui le porte, et c'est lui qui donne un air de vigueur et de vie à l'arbre tout entier.

Aujourd'hui, je veux me souvenir pour sentir cette vie qui bouillonne en moi et trouver les beautés qui se cachent encore derrière mon propre visage.

Le soleil, avec toutes ces planètes qui gravitent sous sa gouverne, prend encore le temps de mûrir une grappe de raisin, comme s'il n'y avait rien de plus important.

GALILÉE

Ai-je peur d'affirmer qui je suis vraiment, ce que je veux et ce que j'aime ? Ai-je peur de me lancer sur la route de mes ambitions ? Que peut-il m'arriver si je vis selon mes buts et mes croyances intimes ? Peut-être quelques remarques ou regards désapprobateurs, quelques bons conseils de « prudence et de sagesse », peut-être rien pour attiser le feu de mon enthousiasme… Mais qu'importe, je veux sentir en moi le plaisir d'être moi-même, la satisfaction d'être vrai, l'ivresse de la liberté d'une jeunesse retrouvée. Mon enthousiasme est le soleil qui fera mûrir les rêves qui dorment en moi.

Aujourd'hui, je suis le soleil et le fruit, l'amour et l'être aimé, le rêve et la passion. Aujourd'hui, je veux simplement être.

Aujourd'hui, je m'applique à suivre les règles que je me suis dictées.

Ce que tu es est un cadeau de Dieu.
Ce que tu deviens est ton cadeau à Dieu.

ROBERT H. SCHULLER

Est-ce que la Vie est un don du ciel ou un accident de la nature ? Aimer, pleurer, vouloir, sont-ils des actes de l'esprit ou la réaction de quelque glande de notre corps de chair ? Si aucune religion n'a le droit de s'approprier l'existence de Dieu, aucune science ne saurait affirmer détenir les secrets des origines de la vie sans faire preuve d'une arrogance démesurée. Le grand artisan qui a créé la Vie est certainement un compositeur extraordinaire, pas un hasard de molécules et de gaz. Et par-dessus tout, quels que soient sa forme et son nom, ce grand créateur est un Dieu universel qui n'appartient à personne. Ce qui appartient aux femmes et aux hommes de cette création est ce qu'ils font de leur propre vie. Rien d'autre.

Ce jour sera un autre jour à la poursuite de ma réelle identité.

L'imagination est le commencement de la création. On imagine ce que l'on désire, on veut ce que l'on imagine, et finalement on crée ce que l'on veut.

GEORGE BERNARD SHAW

La création, pour autant qu'elle soit constructive et bien intentionnée, est une semence de bonheur pour tout individu qui y participe ou en bénéficie. Mais qu'on ne s'y trompe pas, les plus grandes créations ne sont pas nécessairement celles que l'on trouve dans les musées, aussi belles et uniques soient-elles. Nous ne sommes pas tous des Michel-Ange, mais que dire d'un amour franc et partagé, d'une belle amitié durable, d'une relation solide et stable ou d'une entreprise prospère et équitable ? Nous sommes tous les artisans de notre bonheur et de la beauté de cette terre.

Aujourd'hui, je ferai preuve d'imagination pour faire de ma vie une création tous azimuts.

Nul ne peut être vraiment libre dans l'ombre du mensonge.

HERVÉ DESBOIS

L'enfant comme l'adulte ne peuvent bien vivre dans un monde de tromperies et d'hypocrisies, et quiconque retient les blessures du remords et de la honte se retient tout simplement de vivre. Nul ne peut connaître l'harmonie s'il habille sa vie d'un tissu de mensonges. Nos yeux finissent toujours par trahir ce que nous tentons de cacher, et à trop vouloir dissimuler les secrets qui pèsent sur notre conscience, notre regard finit par perdre tout éclat, dont celui de la jeunesse.

Jour après jour, je veux que ma vie grandisse et rayonne dans la vérité.

Sous la couche épaisse de nos actes, notre âme d'enfant demeure inchangée; l'âme échappe au temps.

FRANÇOIS MAURIAC

À moins de vivre en ermite au fin fond du Tibet ou de la forêt amazonienne, nul ne peut prétendre vivre en marge du monde. La vie n'a rien de linéaire et chaque jour nous conduit vers de nouveaux carrefours où nous devons faire nos choix et sélectionner notre propre itinéraire. Plus le temps passe et nous pousse dans le dos, plus il est facile de se sentir bousculé, dépassé, et en fin de compte, bon pour la retraite ou la réforme.

Il existe pourtant un endroit où je peux trouver toute la jeunesse et l'énergie dont j'ai besoin pour aller de l'avant, inventer la vie plutôt que la regarder passer, créer le temps plutôt que le subir, être un joueur plutôt qu'un spectateur. Pas besoin de courir le monde ou l'univers pour le découvrir, puisque c'est en moi que je le trouverai. Le chemin n'est peut-être pas évident, mais il est là. À moi de le trouver.

Aujourd'hui, je veux être conscient de la vraie vie qui m'habite.

On est jeune et on reste jeune pour soi, pas pour les autres.

Utilisez votre temps de façon créative.

DAVID BAIRD

Toutes choses dans cet univers semblent réglées comme du papier à musique : le soleil se lève à l'est et fait sa course d'un bout à l'autre de la terre jusqu'à ce que le ciel tire à lui la couverture de la nuit. Pendant que les nuages se gonflent en certains points du globe, ailleurs il pleut ou il neige déjà. Le monde animal agira aussi selon un scénario écrit depuis la nuit des temps : chasser ou se faire chasser, survivre ou succomber. Mais moi, l'individu pensant habitant ce corps de chair, que vais-je faire de ma journée ? Rien n'est écrit d'avance et je devrai penser mon propre scénario, écrire ma propre histoire.

Au matin de ce jour qui commence, je dois me demander et décider ce que je vais en faire. Ce jour m'appartient.

La clé d'une vie passionnante c'est de faire confiance à l'énergie qui nous habite et de la suivre.

SHAKTI GAWAIN

De plus en plus, hélas, on associe l'être humain à un animal, peut-être « évolué », mais tout de même un animal, au même titre qu'une vache ou un rat. Et de plus en plus on nous catalogue selon une étiquette ou une autre. L'âme est reléguée à un vague concept mal compris que l'on associe au passé, et le cerveau, qui n'est pourtant qu'un organe, somme toute aussi vital que le foie ou les intestins, devient le grand maître de notre destinée.

Mais qui sommes-nous en vérité ? Des marionnettes dépendantes d'un équilibre chimique quelconque ou bien des êtres uniques et merveilleux dans cette formidable création ? Qu'importe les prétentions de la science dans le domaine de la pensée, nous devons retrouver et assumer qui nous sommes vraiment : de remarquables créateurs, des êtres pourvus et animés d'une énergie et d'une spiritualité qui nous sont peut-être insoupçonnées ou étrangères.

Aujourd'hui, je retrouve ma vraie nature.

Une conscience claire est la meilleure armure.

SAGESSE CHINOISE

Meilleure armure contre l'adversité du monde et du temps, l'âme qui plonge ses racines dans une conscience en paix fera rayonner un visage clair et serein. On aura beau chercher la source de nos ennuis dans les actions des autres, invoquer le mauvais sort ou la fatalité pour justifier nos échecs, ou encore diminuer la portée de nos actes en prétextant la «normalité» de la faiblesse humaine, rien ne pourra vraiment apporter la sérénité qu'une conscience solide et transparente. Qui peut craindre d'être découvert et cloué au pilori qui n'a rien de trouble à cacher ? À moins de vivre dans une société de mensonges et d'oppression, les fantômes qui reviennent nous hanter sont ceux que nous avons nous-même enfermés dans nos propres placards.

Aujourd'hui, je cherche à vivre dans la vérité afin que mon visage ne soit marqué par d'autres rides que celles d'une vie active et bien remplie, et que mon regard reflète le bien-être qui m'habite.

Ne garde rien pour une occasion spéciale.
Chaque jour que tu vis est une occasion spéciale !

DOCTRINE TANTRIQUE

Le temps mis à notre disposition durant notre passage sur terre nous est alloué sans conditions. Quelle que soit la longueur de la vie, la qualité de la nôtre ne dépend que de nous. Alors pourquoi attendre pour dire « je t'aime » ou se réconcilier ? Parcourir le monde ou créer notre entreprise ? Faire des études ou changer de carrière ? Pourquoi attendre pour être et faire ce que nous voulons vraiment ?

Chaque jour apporte son lot de bonheur et d'opportunités, comme le ciel apporte le soleil et la pluie nécessaires à toute vie.

Je n'attendrai pas demain pour attraper la magie de chaque moment qui passe.

La jeunesse est un soleil qui peut faire fondre bien des cœurs de glace.

HERVÉ DESBOIS

Ah ! qu'il peut être rafraîchissant de voir la jeunesse arriver quelque part et inonder les lieux de ses rires et de sa joie de vivre ! Une réunion devient une fête, une réception un plaisir festif, une corvée d'entraide un happening. Les visages se détendent, des sourires s'affichent, quelques langues se délient en retrouvant soudain une liberté qui leur avait peut-être échappé au fil des ans. Un vent de fraîcheur et de légèreté souffle soudain sur l'assemblée qui retrouve un air de jeunesse.

Malgré ses maladresses et son impétuosité, quand la jeunesse touche aux rivages de la vieillesse, la vie reprend un nouveau souffle.

Aujourd'hui, je m'ouvre au soleil de la jeunesse pour rallumer ma propre flamme.

Aujourd'hui, je ne cherche pas à ralentir la course du temps. Je cherche plutôt à participer au mouvement de la vie qui peut s'écouler limpide et claire.

La sagesse n'est pas la méditation de la mort mais de la vie.

SPINOZA

À l'instar de la nature bienveillante et nourricière pour toute la création, le temps qui passe apporte avec lui les leçons avec lesquelles chaque individu peut nourrir sa propre réflexion. Ces messages que la vie envoie jour après jour m'aideront à devenir meilleur dans la mesure où j'aurai l'intelligence et la sagesse de les comprendre de façon positive.

Il n'est peut-être pas facile d'encaisser les revers et échecs de toutes sortes, mais j'en sortirai grandi si je sais les aborder avec une philosophie adulte tout en gardant la fraîcheur et la spontanéité de la jeunesse.

Aujourd'hui, je peux jouir des ressources de l'expérience, et il m'est toujours possible de l'enrichir avec la désinvolture d'une jeunesse retrouvée.

Nous avons gaspillé nos richesses car nous nous sommes laissé aveugler par l'attrait de l'avoir au détriment de notre bien-être intérieur. Paraître devient plus important qu'être.

DANIEL VRANCKX

Notre siècle de perfection physique nous conduit hélas dans des extrêmes qui ne s'avèrent en fin de compte que des impasses, des pièges où il est facile de gaspiller des fortunes en temps et en énergie. Il est certainement bon de faire de l'exercice, d'entraîner ce corps qui nous est donné le temps d'une vie, de bien le nourrir et le reposer suffisamment. Mais est-ce pour la performance ou pour l'apparence ? « Entretenir la machine » la fera certainement fonctionner mieux et plus longtemps, et s'il n'y a rien de mal à vouloir bien paraître et rester belle ou beau le plus longtemps possible, cela peut devenir un problème si on en fait une obsession.

Nous pouvons trouver de nouvelles façons de nous mettre en valeur. La coquetterie est un péché d'une belle délicatesse. Mais beaucoup de gens remarqueront en premier l'éclat du regard avant tout autre attribut physique. Si nous mettons une certaine attention à l'emballage du cadeau, le plus important n'est-il pas le cadeau lui-même ?

Aujourd'hui, je prends la résolution de travailler tous les aspects de ma personnalité, car le vrai trésor est à l'intérieur.

L'important, ce n'est pas de marcher vite mais de marcher toujours.

PLUTARQUE

Que fait l'enfant qui tombe alors qu'il est en train de jouer ? Quelquefois il va regarder autour de lui, peut-être pour vérifier si quelqu'un a été témoin de sa chute, peut-être pour voir la réaction que cela suscite chez les adultes. Mais le plus souvent, il se relève comme si de rien n'était. Le fait est que si personne ne s'en occupe, il va reprendre son jeu là où il l'avait laissé, repartant à l'assaut d'une forteresse ou à la poursuite de dangereux bandits. C'est une leçon des enfants aux adultes : la quête est plus importante que les blessures, et tant que nous sommes en vie, nous devons poursuivre notre chemin pour accomplir notre mission.

Aujourd'hui, je sais me relever si je tombe.

Comme l'acide finit par ronger le récipient même qui le contient, l'amertume finit par ratatiner l'esprit qui l'enfante et l'entretient.

Aujourd'hui, je cherche à me débarrasser des sources de toutes formes de rancunes et d'animosités.

Un homme qui sait se rendre heureux avec une simple illusion est infiniment plus malin que celui qui se désespère avec la réalité.

ALPHONSE ALLAIS

Quelquefois il nous arrive d'avoir envie de dire : « Au diable la réalité ! » tellement nous avons l'impression d'être englouti dans un quotidien fait de routines et d'obligations. Mais nous oublions trop facilement que c'est nous-même qui créons notre propre réalité. Enfant, alors que nous n'avions pas la responsabilité d'assurer notre propre survie matérielle, notre quotidien n'était le plus souvent qu'un monde de jeu et de création directement issu de notre imagination, et le « monde extérieur » n'occupait qu'une petite place dans notre vie. Hélas, avec le temps, le monde extérieur a fini par prendre toute la place, ou presque, et l'imagination n'est plus qu'un vague souvenir. Pourtant, sans tourner le dos à l'indispensable nécessité d'assurer notre subsistance, il ne faut pas tomber dans le piège inverse et passer toute notre vie à la gagner. Mais comment faire la part des choses ? Eh bien, cela peut se résumer à la définition que nous faisons de nos propres buts.

Qu'est-ce que je veux faire de ma vie ? Suis-je satisfait de mon existence actuelle ? De quoi ai-je réellement besoin ? Serait-il possible de vivre autrement ? Peut-être plus simplement ?

Aujourd'hui, je ne crains pas de me remettre en question.

Non que je ne veuille pas vieillir, j'en suis inca-pable.

HERVÉ DESBOIS

L'énergie qui m'anime est plus durable que le temps qui passe en laissant sur moi l'ombre des années. L'âme est plus grande et plus forte que toutes les saisons, de l'hiver le plus froid à l'été le plus sec. C'est un joyau plus pur et plus brillant que le plus beau des diamants. Le temps ne peut l'altérer, et même si parfois l'abattement semble ternir son éclat, il ne s'agit que d'un voile que le soleil de l'amour ou de l'amitié évapore comme une brume matinale.

Aujourd'hui, j'ai pleinement conscience du bijou que représente la vie.

Les vieillards sont toujours assez jeunes pour s'instruire.

ESCHYLE

Chaque jour je suis ébahi de réaliser à quel point cette existence est riche, et quiconque reste alerte et ouvert d'esprit ne cessera jamais d'apprendre. Il y a tellement de sujets d'intérêt qu'il faudrait plusieurs vies pour en faire le tour, et encore, puisque chaque époque apporte son lot de découvertes et de nouveautés.

L'apprentissage de la vie elle-même passe par l'éducation, celle que l'on reçoit sur les bancs d'école, et celle que l'on obtient soi-même en faisant ses propres expériences et observations. Le savoir c'est la liberté, car il nous donne le pouvoir de penser et de raisonner, l'aptitude à rendre les bons jugements et prendre les bonnes décisions.

Jamais je ne cesserai d'apprendre, car la quête du savoir est source d'une perpétuelle jeunesse.

La sagesse nous envoie à l'enfance.

BLAISE PASCAL

Aujourd'hui, je veux oublier l'adulte en moi qui a peur des lendemains et qui ne sait plus voir la beauté du monde et des gens.

Je veux retrouver l'enfant qui voyait dans la vie un éternel quotidien rempli d'aventures et de défis, un grand jardin merveilleux où se cachent des trésors extraordinaires, une histoire faite de mystères et de combats pour l'honneur et la liberté, pour l'amour et la beauté.

Je veux retrouver cet enfant qui avait foi en lui et en la grandeur de l'humanité, qui admirait la beauté et ne voyait en le mal qu'un accident de parcours.

Aujourd'hui, je me « retapisse l'intérieur » : je suis un adulte au cœur d'enfant.

Toute beauté est joie qui demeure.

JOHN KEATS

Que la grisaille de l'extérieur ne me fasse pas oublier l'éternel soleil qui brille en moi. Seuls mes propres nuages peuvent faire en sorte que je ne le vois pas.

Aujourd'hui, je saurai puiser à la source de la vie qui m'habite pour y trouver la force de repousser la noirceur de ces idées qui voilent ma sérénité.

Trop de jeunes se croient sans avenir, alors qu'ils sont sans objectif.

JACQUES CHIRAC

Les temps modernes ont apporté bien des développements technologiques spectaculaires, mais ils ont également défoncé beaucoup de balises et laissé tomber bien des guides. On dit la morale démodée, les religions dépassées, et pourtant trop de gens, dont les jeunes, se retrouvent sans points de repère, sans rien ni personne pour les guider.

Ainsi, bien souvent ce n'est pas la bonne volonté qui fait défaut, mais plutôt les exemples. Il faudrait peut-être alors se tourner vers certains «vieux» qui sont assurément encore très jeunes de cœur et d'esprit, des «vieux» qui, s'ils n'ont plus la jeunesse du corps, ont encore des rêves et des buts. Ils sont peut-être dépassés par la technologie, mais ils ont la sagesse et l'expérience pour eux, et certainement le désir d'aider.

Aujourd'hui, je suis fidèle à mes idéaux, à mes croyances, et j'encourage les autres dans le même sens.

Clin d'œil sur les élixirs de jeunesse...
Restez jeune grâce au «Vinaigre des quatre voleurs» !

Une légende raconte qu'au XVIIe siècle, dans la ville de Toulouse, en France, quatre voleurs profitèrent d'une épidémie de peste pour voler impunément les personnes ayant succombé à la terrible maladie. Lorsqu'ils furent finalement appréhendés, le juge leur offrit la vie sauve en échange du secret qui les avait mis à l'abri de la contagion de ce mal redoutable. Les quatre voleurs révélèrent alors le secret de la potion dont ils se frictionnaient.

Le vinaigre des quatre voleurs s'utilise encore, et plusieurs ouvrages et sites Internet en font mention.

Ceux qui rêvent éveillés ont conscience de mille choses qui échappent à ceux qui ne rêvent qu'endormis.

Edgar Allan Poe

Tout change et évolue au fur et à mesure que le temps passe, et la réalité peut graduellement nous apparaître dure et froide, l'avenir prendre des apparences d'horizon bouché. Plutôt que me laisser aller à la mélancolie en songeant aux jours où s'enfuit toute jeunesse, je peux fermer les yeux et me laisser imprégner par la magie du moment présent, ressentir toutes les promesses d'un avenir à portée de main. Que le passé garde avec lui la grisaille et les déceptions, tout autour de moi il y a la vie, un monde à créer, des lendemains à inventer, des trésors à découvrir.

Aujourd'hui, je me laisse aller à la rêverie.

C'est l'idée qui fait le bûcheron, pas la force.

HOMÈRE

Je deviens ce que je crois, bon ou mauvais, beau ou laid. Je ne suis pas un pantin manipulé par une force mystérieuse de mon cerveau, pas plus que je ne suis victime de la volonté d'une tierce personne. Le pouvoir ultime de tout être est le pouvoir de choisir, même lorsqu'il semble ne plus y avoir de choix. L'être pensant qui observe et qui décide n'est autre que moi, et si j'en ai la certitude, ainsi que la volonté d'assumer ce point de vue, je serai déjà un peu plus maître de ma destinée.

Aujourd'hui, je suis ce que je suis et je fais ce que je fais parce que je pense que je le peux.

La vérité, comme la lumière, éclaire celui qui cherche mais aveugle celui qui la défie.

HERVÉ DESBOIS

Si nous voyons la vie comme un tunnel sans autre issue que la vieillesse et l'oubli, c'est peut-être parce que nous ne regardons pas dans la bonne direction. La jeunesse est un berceau d'illusions qui donnent naissance aux beautés du monde. Et la jeunesse est en nous, indestructible et éternelle, comme la fleur est dans la graine. S'il faut un jardinier pour semer et entretenir le jardin, il faut un cœur et un regard pour faire naître et encourager les rêves. Moi seul peux faire de mon existence le jardin que j'imagine au plus profond de mon être.

Aujourd'hui, je trouve ma propre lumière pour éclairer le chemin de ma vie.

Pour exprimer son âme, on n'a que son visage.

JEAN COCTEAU

L'important n'est pas tant ce que les autres pensent de moi mais l'exemple que je peux être pour eux. Comment réagir quand tout va de travers ? Comment agir quand je ne perçois que découragement et abattement ? Si je veux être perméable aux sentiments des autres, et particulièrement ceux que j'aime, j'ai le droit et le devoir de ne pas me laisser arrêter par le défaitisme et la désillusion. Toutes les émotions peuvent se lire dans les yeux, et mes regards sont autant de messages envoyés à mon entourage.

Je veux être le miroir qui redonne espoir et vitalité, je veux refléter et transmettre cette belle énergie qu'on prête aux âmes jeunes et belles. Et nous pouvons, tous autant que nous sommes, être des âmes belles et jeunes.

Aujourd'hui, on peut compter sur moi pour ma jeunesse d'esprit.

Si vos tracas vous aveuglent, vous ne pouvez pas voir la beauté du coucher de soleil.

KRISHNAMURTI

Le temps passé à m'en faire pour ce qui n'est pas encore est du temps gaspillé en de vaines appréhensions. On devient aussi sûrement aveugle à trop regarder les mauvais côtés de la vie qu'à ne pas vouloir faire face aux problèmes qui se présentent.

Aujourd'hui, je serai une conjugaison de présent et de passé afin d'envisager l'avenir avec confiance : je saurai user du discernement que procure l'expérience et de la détermination que donne la jeunesse.

Le rôle essentiel de l'éducation est de conserver chez l'adulte la fraîcheur de l'enfant.

JEAN-JACQUES BERNARD

Je voudrais tout apprendre et tout savoir afin de sentir grandir en moi une confiance inébranlable en la vie. Pourtant, connaissance et apprentissage sont des voyages plus que des buts, et jamais je ne dois perdre cette innocence propre à l'enfance et qui me pousse à toujours demander : pourquoi ? Savoir que je ne sais pas est déjà un grand pas de franchi sur le chemin du savoir, car c'est reprendre l'attitude réservée de l'enfant qui s'assoit pour la première fois sur le banc d'école et qui regarde le maître avec admiration et respect.
Rester jeune, c'est rester alerte, attentif et ouvert face à l'inconnu.

Aujourd'hui, je sais que je n'en saurai jamais assez.

Il y a en moi un lieu où je vis toute seule. C'est là que se renouvellent les sources qui ne se tarissent jamais.

PEARL BUCK

Aujourd'hui, je sors mes vieux disques pour écouter ces airs et ces chansons qui faisaient vibrer mes vingt ans. La musique porte en elle ce parfum d'éternité qui nous enveloppe dès que nous nous laissons aller en elle. Quelques accords, une mélodie et quelques mots, et soudain la magie s'installe : le temps passé semble refaire surface en apportant avec lui l'énergie d'une autre époque, énergie pourtant bien réelle et bien vivante qui revit en nous comme une source fraîche gonflée par une crue printanière.
Que revive la passion assoupie dans le temps. Que revivennentt les rêves et les illusions figés dans la mémoire. Il y a tant de vie insoupçonnée en chacun de nous !

Aujourd'hui, je plonge dans un véritable bain de jouvence en dépoussiérant quelques bons souvenirs qui dormaient dans un coin de ma mémoire.

Il faudrait essayer d'être heureux, ne serait-ce que pour donner l'exemple.

JACQUES PRÉVERT

Aujourd'hui, j'ai vu deux enfants se rouler dans la neige. Ils avaient les joues rouges et le sourire imprimé sur leur visage. Leurs jeux étaient simples et puérils, comme se courir après pour s'envoyer des boules de neige, et certains passants les regardaient avec agacement. Pourtant, leurs rires étaient tellement purs et sincères que la plupart des gens souriaient en les croisant. Moi-même, je me suis arrêté pour les observer quelques instants et je n'ai pas tardé à sourire, puis à rire. Si j'avais eu un peu de temps, j'aurai probablement fini par me joindre à leurs jeux. Nous étions du même âge, après tout, et leurs cheveux grisonnants ne changeaient rien à leur allure enfantine.

Aujourd'hui, je ne crains pas de me laisser aller à jouer.

*Entourez-vous de gens positifs et heureux,
surtout quand vous ne l'êtes pas vous-même.*

HERVÉ DESBOIS

L'enfant peut être triste mais, habituellement, il
ne l'est jamais bien longtemps, surtout s'il vit
dans une famille chaleureuse et aimante.
L'important n'est ni l'argent ni le confort, et le
baume de guérison le plus sûr est l'amour sincère
et sans réserve. L'âme humaine, que l'on soit
enfant ou adulte, commence à se recroqueviller et
se refermer sur elle-même dès qu'il n'y a plus
d'amour pour la nourrir. Et alors commence la
descente vers une vieillesse prématurée.

On peut dire sans trop se tromper que l'équilibre
de tout individu se maintient tant qu'il reçoit plus
d'amour que d'antipathie. Les parents, les con-
joints, les amis, les collègues sont tous des
sources d'amour à des niveaux différents, et
chaque être humain devrait pouvoir s'entourer de
ces gens positifs et aimants, car la jeunesse se
nourrit plus d'amour que de crème anti-rides.

Aujourd'hui, je saurai m'éloigner sans répondre
aux sources d'antagonisme et d'hostilité.

L'apprentissage ressemble à l'horizon : il n'y a pas de limites.

Sagesse chinoise

Je prendrai cette journée comme une occasion unique d'apprendre et de m'améliorer, comme si aucune autre journée ne l'avait précédée, et comme si aucune autre ne viendrait la remplacer.

Je ne cesserai de m'émerveiller en écoutant la vie battre en moi et autour de moi, comme un enfant observe et écoute le maître qui lui fait la leçon.

Aujourd'hui, je laisserai l'étonnement de l'enfant faire place à la suffisance de l'adulte.

On met longtemps à devenir jeune.

PICASSO

Vieillir, c'est commencer à prendre la vie trop au sérieux : ne plus être capable de s'émerveiller pour un rien, de rire aux éclats, d'avoir des idées inhabituelles ou hors du commun, de peur d'être jugé, catalogué, critiqué. Nos parents nous ont peut-être trop souvent demandé de vieillir un peu, de devenir enfin responsable, adulte réfléchi et bien rangé. Tant et si bien qu'on finit par écouter et se plier, et ainsi perdre tout esprit de révolte et d'aventure. L'attitude sérieuse et posée devient alors la norme, alors que spontanéité et audace deviennent anormales. Mais il faut peut-être passer par là pour enfin découvrir que la jeunesse tient plus à l'attitude qu'à l'âge.

Aujourd'hui, je redécouvre mon aptitude à prendre la vie avec sourire et détachement.

Un esprit solide dans le corps humain, c'est la plus grande force dans la plus grande faiblesse.

ISOCRATE

Je n'ai peut-être pas le pouvoir de remonter le temps ni d'en changer le cours, mais j'ai certainement le pouvoir de vivre ce temps qui passe avec chaleur et enthousiasme.

Je n'ai peut-être plus l'endurance de mes vingt ans mais je peux encore courir et prendre plaisir à jouer, danser et faire du sport.

La jeunesse se trouve dans le dépassement de ses propres limites, dans l'audace dont on fait preuve face à la vie, et le cœur que l'on met face aux défis qu'on est prêt à relever.

Qu'importe si le besoin de repos se fait sentir plus vite, aujourd'hui je suis capable d'ardeur et de vitalité et je ne m'en prive pas.

Le matin : une heure de décision, d'élan, d'enthousiasme, une heure qui rend à l'homme la fraîcheur de sa volonté ; un départ ; un début de voyage !

GABRIELLE ROY

Je me rappelle ces matins où je me réveillais de bonne heure, comme tiré du sommeil par une force puissante et mystérieuse, et là, les yeux emplis de bonheur et de ravissement, je découvrais le paysage endormi sous une épaisse couche de neige, comme si les anges avaient profité de mon sommeil pour semer des poussières d'étoiles et redessiner le visage de la terre. J'abandonnais très vite la tiédeur de mon lit pour me précipiter dans ce paysage féerique, mille projets de forts imprenables et de bonshommes de neige en tête.

Même si le monde évolue et se modèle au rythme des saisons, au fond, rien n'a vraiment changé, si ce n'est mon propre point de vue sur la vie.

Aujourd'hui, est une journée comme une autre; pourtant, je peux en faire une journée comme à nulle autre pareille.

L'exactitude est un symptôme ignoré de l'enfance. L'éternité des jours à venir : son domaine.

DOMINIQUE BLONDEAU

Comment garder la spontanéité de l'enfant ? Comment être et rester jeune ? Comment ne pas s'ankyloser dans les plis d'une vieillesse prématurée ? En regardant l'avenir comme une belle feuille blanche sur laquelle il est permis de dessiner tous les rêves que l'on veut bien faire.

Aujourd'hui. je me permets de voir la vie sans préjugés ni parti pris.

Clin d'œil sur les élixirs de jeunesse...
Le pain d'épices, un délicieux élixir de jeunesse !

« Ce gâteau brun à la croûte irrégulière et brillante, dégageant un parfum d'épices, fait partie de notre patrimoine culinaire. Il figure dans de nombreux contes, notamment *Hansel et Gretell*, et nous replonge dans notre enfance à travers le mythe du goûter.

Au Xe siècle, les Chinois fabriquent déjà le *Mi-Kong*, c'est-à-dire « pain de miel ». Au XIIIe siècle, il fait partie de la ration des cavaliers de Gengis Khan. À l'époque des Croisades, la recette du pain d'épices pénètre en Europe par l'intermédiaire des Arabes et, en 1452, Philippe le Bon installe un pâtissier attitré dans son palais bourguignon pour réaliser la fameuse recette. Le pain d'épices, ou «boiche», est alors réservé aux nobles et représente un dessert majestueux destiné exclusivement aux festins des rois. Jusqu'à la fin du XIXe siècle, il est une véritable affaire de famille. »

Source : Marine Cacioppo *(L'actualité gourmande)*

Le secret de la longévité, c'est de continuer à respirer.

BRUCE LANSKY

Il faut prendre l'existence à bras le corps, ne jamais craindre d'aller de l'avant quand nous agissons sans mauvaises intentions et selon nos propres convictions. La vie ne nous donne que le temps et l'espace pour agir et entreprendre, l'action elle-même nous incombe.

Je ne veux pas me retenir et respirer « du bout des lèvres » comme un malade imaginaire qui craint d'attraper une quelconque maladie tout aussi imaginaire. La vie doit se vivre comme une grande passion, comme un grand amour qui nous consume et nous dévore jour après jour, renaissant sans cesse de ses propres cendres.

Aujourd'hui, je veux toucher et entretenir le feu sacré pour que la passion soit toujours en moi.

Les gens heureux ont vraiment une histoire à raconter, car si on ne choisit pas toujours les événements qui nous arrivent, on peut choisir la façon dont on les vit.

H. DESBOIS, W. NORMIL, N. DROUIN (LA CAYE)

La meilleure façon de conserver la légèreté et l'énergie de la jeunesse est encore de s'efforcer autant que possible de prendre la vie du bon côté. Quelle est ma façon de réagir face aux difficultés qui surviennent ? Face aux choix auxquels je suis confrontés ? Quelle est ma façon habituelle de me comporter face aux événements ? Suis-je porté à voir le problème plutôt que la solution ? Souvent les enfants diront : « C'est pas grave ! » L'adulte que je suis n'est peut-être pas d'accord, et pourtant…

Les mauvais coups du sort font mal, et même l'athlète le plus aguerri fait la grimace en tombant. Mais c'est dans la façon de se relever qu'on peut voir le vrai visage de la victoire: victoire sur moi et sur les fantômes du passé toujours prêts à resurgir, sur la lâcheté toujours prête à s'imposer, sur les faiblesses toujours tapies dans l'ombre de mes inquiétudes, sur le découragement qui conduit tout droit vers une vieillesse prématurée.

Aujourd'hui, je saurai trouver l'ardeur et l'acharnement de la jeunesse présente en moi.

Ce n'est pas en tournant le dos aux choses qu'on leur fait face.

PIERRE DAC

Prenez la vie avec un grain de sel, les événements avec philosophie, les remarques désobligeantes avec détachement, les mauvaises langues avec circonspection, les réussites autant que les échecs avec humour, et votre existence ne sera que sourire et bonne humeur.

Le point de vue le plus simple est toujours le meilleur.

CHARLIE CHAPLIN

Les soucis commencent quand on imagine la vie plus compliquée qu'elle ne l'est, et les soucis continuels nous conduisent tout droit dans l'antichambre de la vieillesse. Pourquoi faudrait-il que l'existence soit nécessairement complexe quand on atteint l'âge adulte ? N'est-ce pas simplement une question de choix et de point de vue ? Quoi qu'en disent les éternelles sceptiques, on peut décider tout à fait consciemment de vivre son quotidien avec un minimum de complications. Après tout, s'il existe des problèmes, il existe aussi des solutions.

Aujourd'hui, je tâche de garder en moi fraîcheur et simplicité pour faire face à la vie.

Prendre des années n'est pas très grave, car chaque âge a ses plaisirs et ses bonheurs.

JEAN-PAUL BELMONDO

Plutôt que voir les années s'accumuler sur mes épaules comme autant de poids qui me font plier, je peux considérer ces années de façon linéaire, comme un chemin parcouru en profitant des richesses de chaque nouvelle étape. Ainsi, tout ce que j'ai accumulé d'expériences et de souvenirs devient un bagage digne de la caverne d'Ali Baba et pourtant aussi léger qu'un sourire d'enfant.

Rester jeune et bien vieillir sont synonymes quand on peut regarder chaque nouveau jour avec autant de plaisir que de sérénité. Le quotidien n'est plus une course contre la montre mais un cheminement qui nous conduit de découverte en découverte : il faut savoir s'émerveiller.

L'hiver, c'est la vie qui reprend son souffle.

Bien sûr mon corps vieillit et les années s'a-
joutent à ma ligne de temps, mais je garderai tou-
jours mes yeux d'enfants.

HERVÉ DESBOIS

Quel plaisir de côtoyer une personne qui a gardé
son cœur et ses yeux d'enfant. La vie n'a rien de
grave ni d'austère. Le travail, loin d'être une
corvée, devient une activité légère et agréable, et
n'importe quoi peut devenir prétexte à rire sans
retenue ni arrière- pensée. Le plus beau, c'est que
cette légèreté est contagieuse, et plus j'ai de telles
personnes dans mon entourage, plus facile
devient la vie.

Aujourd'hui, je saurai m'entourer de gens positifs.

Nous gagnerions plus de nous laisser voir tels que nous sommes, que d'essayer de paraître ce que nous ne sommes pas.

LA ROCHEFOUCAULD

Il n'y a rien de plus normal que de chercher à faire bonne impression sur notre entourage. Nous voulons plaire, être agréable, faire rire, donner un bon rendement professionnel, avoir des enfants dont nous sommes fier… la liste est sans fin. De l'enfant qui fait ses premiers pas au cadre nouvellement promu, c'est dans la nature de l'être humain que de vouloir produire des effets sur ses semblables. Et la plupart des gens cherchent à produire des effets positifs. Certains sont plus heureux que d'autres, c'est tout.

Mais parfois l'orgueil nous fait oublier le principal : les gens pour qui nous comptons vraiment nous aiment pour ce que nous sommes. Ne cherchons donc pas à paraître *cool,* à jouer au quinquagénaire adolescent ou à faire le mariolle si ce n'est pas notre véritable état d'être : notre authenticité aura toujours plus de charme.

Aujourd'hui, je me sens bien d'être qui je suis.

La fatigue est la ruine du corps et l'inquiétude la faucille de l'âme.

Proverbe arabe

Le corps est une belle machine qui peut faire un long chemin dans la mesure où nous l'entretenons comme il faut, sans pour autant tomber dans le piège de l'adoration. Nos jours sont peut-être comptés, mais pas comptés d'avance. Autrement dit, nous avons une grande part de responsabilité autant dans la qualité que dans la longueur de notre vie. Pourtant, mis à part une prudence élémentaire, il ne s'agit pas de constamment chercher à se protéger contre toutes sortes d'agressions extérieures, réelles, potentielles ou imaginaires, pour espérer « faire de vieux os ». Au contraire, il faut vivre sa vie avec amour et passion, comme on déguste un repas avec bon appétit. Si le corps est bien entretenu, l'âme aussi doit connaître la satisfaction, et pour cela, nous devons lui donner du rêve et des réalisations, des buts et des défis.

Aujourd'hui, je ne perds pas de vue que je suis corps et âme, et que l'un comme l'autre méritent mon attention.

Notre étoile est en nous, et, de nous, il dépend qu'elle soit bonne ou mauvaise.

CHARLES BEAUDOIN

De tout temps, il y a eu des prophètes venus d'un autre monde pour nous indiquer un chemin dans la nuit de l'humanité. De tout temps, ils ont été ridiculisés et persécutés, d'où qu'ils viennent et qui qu'ils soient. Par delà les croyances et les religions, la vérité est immortelle, sans âge ni appartenance, et tout individu peut connaître et vivre dans la vérité puisque la vérité est en chacun de nous, parfois prisonnière comme un oiseau en cage, mais toujours là, prête à surgir et à briller comme l'étoile de Bethléem.

Le monde est beau pour ce que nous lui donnons. La vie est belle pour ce que nous en faisons.

Aujourd'hui. je ferai ce qu'il faut pour que ma beauté intérieure brille et rejaillisse sur les autres.

La meilleure façon de ne pas avancer est de suivre une idée fixe.

JACQUES PRÉVERT

Il nous faut avoir l'esprit libéré de toute entrave pour voir clairement le chemin qui s'ouvre devant nous, ne pas se laisser piéger par les blessures du passé et faire confiance à la vie qui nous habite.

Je peux voir les années passées simplement comme « le bon vieux temps », ou comme un bagage d'expériences d'une valeur inestimable, une hotte secrète dans laquelle trouver des sources d'inspiration et de renouveau insoupçonnées.

Je peux jeter un regard nouveau sur mon passé et en extraire tout le bien qu'il contient sans mettre d'attention sur le reste, comme le chercheur d'or filtre le sable de la rivière pour y trouver les pépites sans s'occuper du sable et des cailloux.

Aujourd'hui, je redonne un nouveau souffle à ma jeunesse en puisant à même mes propres richesses intérieures.

Les enfants nous renvoient l'image de ce que nous sommes.

HERVÉ DESBOIS

L'enfant qui joue, court et se dépense sans compter sa peine finit par s'asseoir et se calmer pour reprendre son souffle. Je n'ai peut-être plus l'énergie de l'enfant, mais je peux encore jouer, courir et me dépenser. Le contact des enfants est d'ailleurs source d'une énergie renouvelée pour qui sait s'abandonner simplement à leurs jeux. C'est tout à fait surprenant de voir comment ils peuvent, et comment ils aiment, inclure les adultes dans leurs jeux. Il leur suffit alors de pas grand-chose pour inventer une histoire dans laquelle nous avons notre rôle à jouer. Il est bon de s'y laisser prendre et de voir à quel point on peut en ressortir revigoré : une vraie petite cure de rajeunissement !

Aujourd'hui, je me mets au diapason de la vie qui m'entoure et celle qui est en moi.

Nos défauts et nos infirmités ne sont pas ridicules en eux-mêmes, mais ridicule est l'effort que nous déployons pour les dissimuler.

GIACOMO LEOPARDI

Aujourd'hui, je ne cherche pas à être quelqu'un d'autre, essayer de correspondre à une icône de magazine de mode, être la vague reproduction d'un modèle qui ne me ressemble pas. Si l'on peut chercher à atteindre la perfection, qu'elle soit spirituelle, non physique. Alors que le corps évolue lentement vers sa destinée, nous devrions faire en sorte que l'âme prenne le chemin inverse et tende à un plus haut degré de beauté et de perfection. C'est avant tout la beauté de l'âme qui, en transpirant vers l'extérieur, projette une image de grâce et d'harmonie, une étincelle de fraîcheur et de jeunesse.

Aujourd'hui, je me sens bien dans ma peau.

À l'envers des nuages, il y a toujours un ciel.

Mûhammad Al-Faytûry

La vie n'est pas toujours comme nous voudrions qu'elle soit. Qui ne s'est jamais senti piégé dans une relation amoureuse, un travail, ou simplement empêtré dans toutes sortes d'ennuis et de revers qui semblent conduire tout droit dans des impasses ? Que ce soit à cause de notre propre timidité, d'un manque d'intégrité, voire même de notre lâcheté à faire face aux événements, ces mauvaises décisions et choix regrettables nous suivent où que nous allions. Et, que ce soit difficile ou non, nous devons en assumer la pleine responsabilité si nous voulons réellement recouvrer l'énergie d'une éternelle jeunesse et retrouver ainsi toute la tranquillité voulue pour apaiser le visage de notre âme.

Aujourd'hui, j'aurai le courage et la sérénité de fermer la porte que je viens de franchir afin de regarder les autres portes qui s'offrent et s'ouvrent devant moi.

La vie qui aurait pu être est cachée dans la vie qui est.

NJABULO S. NDEBELE

Alors que nous nous apprêtons à tourner la page sur une autre année, je veux m'arrêter et prendre le temps de faire le point.

Je voudrais pouvoir me dire que je suis dans la bonne direction, que le chemin parcouru m'a rapproché de mes buts et de mes rêves, que la vie que je mène est bien celle que j'ai choisie.

Je voudrais pouvoir me dire que mes erreurs ne sont que des cailloux du chemin sur lesquels je trébuche et que les forces vives qui m'habitent seront toujours plus fortes que le désarroi.

Mais je saurai surtout me dire que la vie peut changer à tout moment et que rien n'est écrit d'avance si ce n'est moi qui l'écrit.

Aujourd'hui, je saurai où puiser l'énergie de la jeunesse.

BEAUTÉ INTÉRIEURE

Quand j'aurai apprivoisé
Le temps rebelle qui s'enfuit
Les vieilles peurs enfouies
Et les douleurs du passé

Quand j'aurai pardonné
Les trahisons, les lâchetés
Les haines, les infidélités
Ce que j'ai fait sans l'avouer

Quand j'aurai effacé
Tout ce qui ride mon image
Ces mots qui font pleurer l'âme
Longues cicatrices de rêves blessés

Quand j'aurai pleuré
Les misères qui nouent ma gorge
Les peines qui m'emprisonnent
Autant de chaînes à libérer

Quand je me serai gonflé
De toute la vie qui bat
Celle qui dort au fond de moi
Celle qui habite l'immensité

Alors seulement je pourrais être
Alors enfin je serai maître
Alors enfin je serai roi
Alors enfin je serai moi